Voar É Preciso

A Experiência de Regressão de uma Terapeuta

Ivete Scarpari

Voar É Preciso
A Experiência de Regressão de uma Terapeuta

MADRAS

©2001, Madras Editora Ltda.

Editor:
Wagner Veneziani Costa

Produção e Capa:
Equipe Técnica Madras

Ilustração da Capa:
Parvati

Revisão:
Roseli B. Folli Simões
Marília Rodela de Oliveira
Adriane Gozzo

ISBN 85-7374-376-X

Proibida a reprodução total ou parcial desta obra, de qualquer forma ou por qualquer meio eletrônico, mecânico, inclusive por meio de processos xerográficos, sem a permissão expressa do editor (Lei nº 9.610, de 19.2.98).

Todos os direitos desta edição reservados pela

MADRAS EDITORA LTDA.
Rua Paulo Gonçalves, 88 — Santana
02403-020 — São Paulo — SP
Caixa Postal 12299 — CEP 02098-970 — SP
Tel.: (0_ _11) 6959.1127 — Fax: (0_ _11) 6959.3090
http://www.madras.com.br

*Ao amor maior, os meus filhos:
Amanda e Eduardo Riccieri.
Ao amor do passado que se fez presente.
E à vida, que me deu a oportunidade
de cumprir tal missão.*

*Minha homenagem à irmã do
coração, Maria do Socorro
Abreu Silva — Bia —, pela admiração;
gradidão e carinho.*

ÍNDICE

Prefácio 9

Capítulo I
O Dia de Renascer 11

Capítulo II
Solidariedade, Fé e Esperança 15

Capítulo III
O Rito da Liberdade 25

Capítulo IV
O Grande Reinado do Pequeno Rei 31

Capítulo V
O Direito de Viver 41

Capítulo VI
A Iniciação do Real Aprendizado 47

Capítulo VII
Era Uma Vez, o Amor 53

Capítulo VIII
O Segredo Adormecido 61

Capítulo IX
A Mensagem da Terra. A Mensagem do Céu 69

Capítulo X
O Preço de uma Verdade 77

Capítulo XI
Lição de "Vidas" 91

Capítulo XII
Ave Maria 97

Capítulo XIII
O Início do Fim 105

Capítulo XIV
O Fim 113

PREFÁCIO

Um dia despertou-me o desejo de passar por uma experiência de regressão a vidas passadas. Tal vivência trouxe para a minha vida uma transformação tal, que me mostrou o verdadeiro sentido da vida.

Um passado que se reflete totalmente no meu presente, mostrando-me as falhas e faltas que tanto me perseguiam, condicionando assim o meu crescimento interior. E, diante da minha aceitação, a metamorfose aconteceu.

Procurei atravessar essa ponte, seguir para o outro lado da minha memória inconsciente e trazer comigo o real valor da liberdade: a liberdade do espírito.

Soltar as amarras, tornar-me mais leve, sem o peso que me impedia de levitar.

Dar espaço ao novo.

Cumprir finalmente esta maravilhosa jornada, a vida, na ambição maior, que é a de ser feliz.

Mas ainda era pouco, a missão apenas começava...

O próximo passo foi dividir esse conhecimento com todos aqueles que à minha volta vivem.

Hoje, como terapeuta, sinto-me realizada com os resultados dos meus pacientes, dividindo com eles o suspiro de alívio e a satisfação indescritível dos resultados obtidos.

Eis então o início desse percurso...

Agradeço ao meu amado Mestre os conhecimentos que me transmitiu, sem os quais não seria possível tornar este livro uma realidade.

Apesar de eu me identificar com uma personagem deste livro, a história é-nos narrada pelo Mestre.

Apresento-lhe, leitor, a lição mais preciosa que ele me deixou — A LIBERDADE, pois definitivamente "VOAR É PRECISO".

Capítulo I

O Dia de Renascer

— Em nome do Rei, vos digo: trazei todas as crianças molestadas, desgraçadas, doentes.
— Em nome do Rei, eu ordeno!
— Abri as portas. Entregai os vossos filhos enfermos, para que a desgraça não se alastre neste reino.
— Abri as portas, miseráveis!
— Em nome do Rei, abri as portas!
E uma mãe, em súplica, implorava ao soldado:
— Por piedade te peço, o meu filho é franzino, nasceu doente, já quase não respira e mal se ouve o seu pulsar. Eu te imploro, dizei-me qual o destino que será dado ao meu filho tão frágil.
E o soldado respondeu frio e sem compaixão:
— Será entregue ao leito do rio para que as águas limpem e purifiquem o seu espírito. Ordem do nosso Rei e do clero — afirma ele.

— Por que o leito do rio? — pergunta a mãe.

— Para que possam ser batizados, pobres pagãos, para que morram enfermos, porém cristãos.

E a mãe, em prantos e de joelhos, pede e suplica de mãos unidas ao soldado enviado:

— Não leves o meu filho, não posso abandoná-lo à sua sorte! Imploro-te que deixes que eu mesma me incumba de colocá-lo no leito do rio. Imploro-te soldado! Tens mãe, sabes quanto dói entregar um filho que mal consegue respirar.

O soldado, irado, retruca:

— Se tiveres que ir com esse desgraçado, enfermo, miserável serás tanto quanto ele. Não poderás salvá-lo, pois nem sequer a ti mesma conseguirás manter. Se insistes em desrespeitar as ordens do Rei e do clero, tampouco podes pertencer a este reino. Segue com esse moribundo. Não suporto mais tanta miséria, tanta desgraça. Leva-o para bem longe deste povoado. Não és digna de estar sob proteção do Rei. Segue...

E a mãe, aos soluços, agarrada ao seu bebê, começa a correr desesperada, sem destino.

Não poderia permitir que o rio levasse o seu corpinho, sem que até o último suspiro tentasse salvá-lo.

Caminha pela mata adentro e quase sem forças abraça o seu filho, envolvendo-o com o seu próprio manto e aquecendo-o com o seu corpo.

Entregue ao cansaço, pede que ao menos aquele franzino corpo possa descansar em paz, suplicando aos céus compaixão diante de suas orações.

Para seu espanto, apercebe-se de um grupo de pessoas, ciganos que a rodeiam, e, apesar dos preconceitos quanto àquele povo, teve por intuição que poderia ser a salvação do seu menino, confirmada pelo seu instinto maternal.

— Peço-vos ajuda, pelo amor de Deus, pelo amor de mãe e pelo amor de cristãos.

Eles responderam:
— Não somos cristãos, somos ciganos, somos do mundo.
Apesar do seu espanto diante de tais declarações, pediu:
— O meu filho está a definhar. Apenas desejo terminar os meus dias junto a ele. Ajudai-me, por favor!
Diante de tal apelo, um dos membros do grupo disse:
— Dá-me esse corpo enfermo, é melhor que não presencies a morte dele.
Mas a mãe insistiu:
— Não tirai o meu filho, suplico-vos.
— Mas os seus pulmões já não respondem mais, o seu coração parece querer parar —, afirmam penalizados os ciganos. — Entrega-o à natureza. Ela se incumbirá do que resta.
De repente foram surpreendidos pelo trote dos cavalos, que, com a aproximação, já anunciavam o terror e a devastação.
Os ciganos eram por certo os seus maiores inimigos, pois se tratava de um povo que estava sempre a caminhar sem rumo e sem destino, não contribuindo assim para a corte com o pagamento de impostos.
Desesperado, o chefe do grupo gritava:
— Vamos, não há mais tempo, temos que fugir. O Rei nos condena. Não há mais tempo. E tu, liberta esse coração de mãe que eu te prometo que ele terá uma morte digna e serena, sendo assim poupado à dor. Deixa-o conosco e segue, mãe, segue o teu caminho que não há tempo a perder.
Ela em pranto, como se arrastasse o seu corpo pela mata, vê o seu querido filho nos braços de estranhos peregrinos que, também eles, assustados e sem rumo, seguem em busca da liberdade.
Aquela mãe, com o coração a rebentar de dor, sabia que ao destino pertencia aquele corpinho franzino, que mal conseguia filtrar o ar que respirava. O sofrimento era tanto que não agüentando mais perdeu os sentidos. Perdeu a noção do tempo. Quan-

do finalmente despertou, já estava com o seu povo e era interrogada pelos seus familiares sobre o que havia sido feito do corpo daquele pobre menino.

Ela respondeu que o havia entregado a Deus, pois só Ele sabe o que faz.

Eles, não entendendo bem a resposta, perguntaram se ele tinha falecido nos seus braços.

— Não — respondeu ela convicta. — Ele está vivo e assim estará pela eternidade, pois ele tem uma missão a cumprir.

Então eles clamaram:

— Bendito o que vem em nome do Senhor! Graças a Deus!

Capítulo II

Solidariedade, Fé e Esperança

A carroça que nos transportava de lugar para lugar balançava muito. Em cada pedra que batia, parecia que todos os meus ossos saíam do lugar.

Já se tinham passado sete anos desde que a minha mãe me entregara ao grupo dos ciganos, no entanto a minha saúde parecia cada vez mais debilitada, mas os ciganos, para me consolar, diziam que a dor que eu sentia no peito era provocada pelos movimentos da carroça.

A minha enfermidade tinha uma história que eu já conhecia. Sabia das dificuldades dos meus pais e da peste que alastrara o lugar, e principalmente sabia da coragem da minha amada mãe. Essa história fora contada e repetida inúmeras vezes pelas mulheres, que ao levantarem o acampamento dançavam e festejavam, sem se esquecerem de me presentear com uma homenagem à mulher, à mãe e à coragem daquela que se dispôs a morrer pelo seu filho. Mas atrás dessa história havia também o mito, curiosamente sustentado pelos mais velhos, pelos líderes. Eles diziam que eu havia sido encontrado na natureza, como uma plantinha que havia brotado da terra fértil. Conta-se que três deles colheram a tal florzinha num belo dia de sol e, encantados pela sua beleza e vivacidade, cultivaram-na novamente no meio dum trigal. Passadas nove luas, foram surpreendidos pela substituição. Um lindo bebê nascia usando o verde relvado para se amparar. Assim, eu surgi no meio deles, acolhido e muito amado desde então.

A alegria e a música faziam parte constante da vida dos ciganos. Apesar de crescer com eles, sabia que não tinha a mesma maneira de ser, não tinha aquele sangue que diziam ferver diante da boa comida, bebida e da maravilhosa cultura que era a dança.

Eu sempre preferi a história dos velhos folcloristas, pois me fascinava a idéia de ser diferente. Nunca me senti discriminado por eles, pelo contrário, sempre fui muito amado, mas, como desde muito pequeno a enfermidade me acompanhou e fui tratado por ervas e embalado pela fé na mãe natureza, enchia-me de orgulho acreditar que eu tinha sido colhido no trigal. A inocência também acompanhava o crescimento de todas as crianças do grupo. Crianças de pé descalço, despidas de roupa, entretinham-se quase todo o tempo com brinquedos extraídos da natureza — alguns gravetos, muita água e muita terra eram o suficiente para nos fazer muito felizes, até que os responsáveis gritassem para levantar acampamento. Então, sem deixar saudades, mas deixando as nossas marcas cravadas no chão como o queimado das fogueiras e as brasas, partíamos com a convicção de que estávamos "sempre a chegar e jamais a partir", assim preferiam afirmar.

Nesses sítios que ficavam para trás, ficava também o encantamento, os mistérios da crendice daquele povo que respeitava e que com a mesma intensidade amedrontava-se com o ruído, o ranger ou até mesmo com o suave sopro do vento pela madrugada.

Eu era feliz no meio deles, a única coisa que me causava sofrimento era a dificuldade de respirar, agravada pela umidade da mata. Também os movimentos da carroça pareciam tirar os meus pulmões do lugar, parecendo que cada vez mais recusavam-se a reagir. A tosse constante que muito me debilitava também era resultado desse balançar.

Os ciganos ajudavam-me a superar os dias mais difíceis, dizendo-me que eu tossia devido à trepidação da carroça, fazendo parecer que os meus pulmões saíam um pouco do seu lugar, causando-me dores que eles infelizmente não conseguiam amenizar. Assim, com palavras de conforto, como fazendo parte de toda a lenda que representava o seu próprio povo, convenciam-me a encher o peito de ar e... respirar, ou seja, viver! Eles já tinham tentado tudo, eu ingeria amargas ervas, com outras massageavam-me o peito, mas de nada resultava.

Mas foi numa semana de intensa chuva que o meu estado físico ficou ainda mais debilitado, parecendo que os meus pulmões não estavam mais no seu lugar. O simples ato de respirar tornara-se agora um esforço muito grande. O frio naquela carroça provocava-me muita dor e febre, só confortada com a dedicação e o calor humano daquela humilde gente que só queria ajudar-me.

Após alguns dias de tanto sofrimento, concluíram que eu já não tinha mais forças para seguir, pois só um milagre poderia fazer-me voltar a respirar.

Então alguém ordenou:

— Vamos repetir o ato de amor daquela mãe dedicada, entregando-o desta vez à mãe natureza, pois só ela saberá o que fazer. O nosso desejo e o nosso conhecimento têm limites e infelizmente chegamos a eles.

Eu, muito enfraquecido, com o meu peito sob grande pressão, não conseguia mais filtrar o ar nem controlar a minha pulsação.

A conclusão do líder, diante de quase nenhuma esperança de vida, foi a de me deixar ali mesmo.

Pelo menos, ali tinha a proteção da cobertura de uma caverna, o que de algum modo os consolava.

— Por aqui vivem matilhas, que por certo protegerão a sua alma até que ela se desprenda para sempre —, assim pensavam e assim acreditavam.

E já mal eu podia ouvir o barulho do trotar dos cavalos, que se afastavam com pressa, ficando apenas à minha volta o escuro da caverna e tanta dor. A dor da ausência, da solidão, agravada pela dor física.

Eu estava acostumado às festas, à mesa improvisada e farta. Farta de gente, de seres humanos e da natureza, que partilhavam com harmonia e alegria.

E agora, que pesar... só me restava pedir para morrer em paz!

Suplicava piedade, pois não suportava mais tanta dor...

Entretanto, dei-me conta que pedia com muita fé e que me dirigia a alguém...

Esse alguém eram três grandes homens. Grandes sim, comparados com o meu frágil corpinho.

Então, voltei a apelar movido pelo meu delírio:

— Peço-vos que me levai daqui, por piedade... Levai-me, senhores — pedia eu com compaixão.

Apesar da minha tão grande debilidade, consegui distingui-los no meio de uma intensa luz. Pareciam anjos. Anjos tão belos que nos fazem suspirar, e que admiramos tal como nas grandes obras, nos monumentos imponentes ou nos mais belos castelos da corte.

A luz que os envolvia ofuscava os meus olhos, que mal se mantinham abertos.

Desconhecia de onde tinham vindo, mas podia afirmar que eram anjos...

Bons anjos que eu com toda a esperança esperava que me viessem resgatar. Tinha necessidade de acreditar nisso, pois era o que me restava diante de tanto sofrimento, apenas amenizado pela fé.

Apenas o silêncio tinha permissão de falar, mas eu insisti:

— Já não tenho mais fôlego para implorar, mas peço-vos que atendam o meu pedido.

Eles me observaram com cautela e aqueles três grandes homens olharam uns para os outros...

De súbito, abriu-se um grande portal...

Eles se posicionaram diante da passagem e comunicando-se entre si diziam:

— Se ele sobreviver aos trinta e dois dias, sob a proteção dos elementais da natureza, será o nosso escolhido no trigésimo terceiro dia.

Olharam para mim mais uma vez, parecendo censurar-me ou talvez sentindo piedade, não sei.

De repente o portal foi-se fechando, até se tornar um ponto de luz. Era um insignificante ponto de luz no meio daquela escuridão. Era isso que me restava? Suspirei, parecendo que cada suspiro era o meu penúltimo. Penúltimo sim, pois quando pensava desfalecer arrancava um a mais da minha esperança. Parecia querer teimar com a vida, impulsionando o bombear de meu pobre coração.

E três noites se passaram, três amanheceres e três dias de sol...

O meu corpo já não se alimentava mais pela fé e já tinha feridas. Feridas que já não podia curar com as ervas que aprendera a manipular, pois nem sequer tinha forças para me movimentar.

Foi então que ao cair da tarde do terceiro dia, para minha felicidade ou temor, e apesar da minha grande dificuldade em abrir os olhos, pude avistar, apoiado por aquela ponta de luz, uma pequena matilha que vinha na minha direção.

Vinham até mim um lobo, o seu grupo e a sua família. Pareceu-me que o animal que vinha à frente era uma fêmea, pois podia sentir a maternidade no seu olhar que expressava força. No entanto, não conseguia distinguir muito bem, apenas sabia que este animal, que tomava a frente, liderava, pois explorava o desconhecido, protegendo o grupo.

Não sabia quem sentia mais medo, se eu dele, ou se ele de mim. Ora avançava para mim, ora recuava, parecendo um ritual, até que segura, percebeu que eu já não representava mais qualquer ameaça. Foi então que, solidária, e depois de explorar e delinear o seu território, urinou sobre as minhas feridas, até envolver todo o meu corpo com a sua urina. Não compreendia esse ato, mas também não conseguia reagir, apenas me restava aceitar. Passaram-se dias e noites e esse ritual repetia-se.

Rotineiras visitas da matilha passaram a curar milagrosamente as minhas feridas, para minha surpresa.

Uma caverna semi-escura, iluminada apenas por aquele ponto de luz deixado pelo portal, num ambiente úmido, fazia-me reagir inexplicavelmente com vida. Nem eu pensava na fome, ali o meu único alimento era a fé. Fé no desconhecido, numa ilusão feita de abundante luz, mas muita, muita fé.

O meu repouso era interrompido apenas pelo ritual rotineiro daquela matilha. Apesar de estranho sentia-me protegido por eles e acreditava no seu poder de cura. Não compreendia bem o fato, mas na verdade a fé levava-me a crer.

Comecei a movimentar as minhas pernas e até os meus braços. Ambicionava ficar de pé para alcançar aquele ponto de luz na caverna. Acreditava que, ao tocá-lo, aquele ponto de luz se abriria e eu poderia passar para o outro lado e ficar junto daqueles grandes anjos, que finalmente me levariam dali.

A minha esperança era agora ficar de pé e alcançar a luz. Insistentes vezes eu tentei... e quando quase alcançada, o meu corpo entregava-se ao chão.

E um dia, de repente, eu os avistei. Estavam ali os três. Movido por grande emoção, enchi-me de forças e toquei-os, e a claridade da pequena fresta aumentou e envolveu-nos a todos, colocando-me nos braços dos três tutores que à minha volta serviam de escudo.

Então eles disseram:

— Eis que sobreviveste! Acolhido pela noite, pelo Sol, pelos astros, pelo reino animal e pela mãe natureza! Agora és um de nós e a ti será atribuída uma missão.

Quando mencionaram uma missão, percebi que já estava num lugar diferenciado. Talvez um paraíso, mas algo nos separava. Já não podia tocá-los, respeitava os meus limites, apesar do meu desejo de ultrapassar tais barreiras. Agora me pareciam mesmo intocáveis.

E voltaram a afirmar que a minha missão apenas tinha começado.

Então questionei se já não tinha sofrido bastante. Pedi que me levassem dali, pois não teria forças para nada.

Eles me responderam:

— Não sobreviveste? De que duvidas? Da própria fé que te ressuscitaste?

E diante de tais questões, senti vergonha e, arrependido, enchi-me de forças e disse-lhes:

— Fazei de mim vosso servo. Se fui escolhido para servir, aqui estou pronto para responder. Não pedirei mais explicações, mostrai-me o caminho e eu seguirei...

— Já sabes o que deves percorrer, foste avisado ao nascer — insistiram eles. — Portanto segue agora, a tua missão te espera. O nosso aprendiz também te espera. Encontra-o e conduza-o, até que ele possa caminhar com a sua própria luz, movido pela sua própria compreensão e sabedoria. E assim teremos o nosso seguidor e protetor, o nosso mensageiro da paz, a nossa esperança da liberdade, a nossa fé na salvação da humanidade.

Muito atento, perguntei:

— E quem será o tal salvador? O que devo fazer ao reencontrá-lo?

Estava tão envolvido que dei por mim a falar em reencontro, como se já soubesse de quem se tratava.

Eles apenas me responderam:

— Deverás doutriná-lo e posicioná-lo como teu pai, pois esse será filho de todos nós.

Essa responsabilidade assustava-me agora mais do que todos os dias de temor que passara.

Ainda assim perguntei o que faria o nosso aprendiz.

— Ele registrará a nossa memória no pensamento da humanidade e fará compreender a verdade sobre a salvação, a fraternidade e conseqüentemente a liberdade.

Tais respostas não satisfaziam claramente os meus apelos, pois não consegui logo decifrar tais metáforas.

Mas de repente e sem saber bem por que, aceitava num ato de grande respeito, pois eu sabia que devia isso àqueles grandes homens, anjos de luz.

E, já em jeito de despedida, disseram:

— Lembra-te de que deves encontrar a nossa continuidade... Deves retornar um dia, porém nunca antes de despertar o nosso seguidor para a missão que a ele foi destinada e as suas provas forem concluídas. Só assim terás então a paz eterna tão almejada... pediremos por ti, irmão. Pediremos por ele, nosso aprendiz, filho de todos nós. Que se cumpra o que nos foi destinado...

Muito emocionado, já não havia mais a questionar, então a luz fechou-se novamente, fechando-se também o portal.
Tudo escureceu, quando... parecia despertar de um sonho.
Badaladas dum som estridente fizeram disparar o meu coração. E descobri, eu estou vivo!
Deitado numa palhoça, via uma luz que vinha do Norte e a tudo invadia e aquecia. E podia ver homens vestidos como os meus irmãos ciganos, que bailavam e cantavam à minha volta para me animar. Mais sóbrios talvez, estavam a me felicitar. Não eram os mesmos, mas me confortavam. Amontoavam-se e apressados dirigiam-se a mim, vindos de um corredor, pisando o chão tão levemente que pareciam flutuar. As suas euforias brotavam de um silêncio que eu não podia explicar. E para que explicar...
Talvez aprender... que aquelas vestes não eram de ciganos, mas sim de monges que habitavam a região, e ao encontrarem-me desfalecido acolheram-me e alimentaram-me na esperança de viver mais uma vez...
Aprender, por exemplo, que o seu cantar não tinha a euforia dos meus irmãos ciganos, mas tinha a serenidade que acalmava o meu pensar.
Aprender a meditar...
Aprender... Aprendiz...
Tudo me enriquecia a fé. A esperança mais uma vez sobrevivera, brotava e florescia como uma plantinha que me fez alimentar da solidariedade dos homens, pelo milagre dos anjos da luz e finalmente dos sóbrios que me ensinaram a rezar.
Todos esses estágios me mostraram diferentes lições.
O conhecimento do saber e do crer — que um dia ao aprendiz irei transmitir. E assim a missão por certo cumprir.
Aprender e ensinar...
Aprendiz e salvar...
As palavras perdiam-se no meu questionar.

Mas a fé encontrava-se com a esperança quando relembrava as palavras que ainda soavam na minha memória:

"Estamos sempre a chegar, jamais a partir..."

E eu me surpreendia expressando ao vento, como se ele pudesse testemunhar:

— Estou a chegar, meu aprendiz... estou a chegar para a missão cumprir... Estou a chegar para te ensinar e te seguir... Estou a chegar, meu aprendiz...

Capítulo III

O Rito da Liberdade

    Todas as noites, feito um ritual, sentia a necessidade de voltar àquela caverna onde fui encontrado. E, bem da verdade, nunca consegui abandonar aquele lugar.

    Tocava as paredes úmidas, sentia o cheiro da terra e trazia nas minhas mãos o limo. O que parecia frio, ao mesmo tempo acolhia. Muitas foram as vezes que, entregue à meditação, adormeci e, quando me dava conta, o dia já amanhecera.

    Às vezes saía dali convicto de que jamais retornaria. Deixaria aquele passado e todas as lembranças contidas naquele cenário, que na minha memória se fazia muito latente.

    Mas, ao mesmo tempo, algo me dizia que ali se guardava algum segredo. Segredo esse que eu desvendaria em seu devido tempo. Idéias ou ideais que moviam a minha ansiedade e me despertavam para as descobertas do desconhecido.

    Tocava as paredes, como se as obrigasse a falar.

    Mas foi numa noite de lua, esplendorosa lua cheia, que me inspirei a cavar na própria pedra, e esculpia, sem objetivar uma obra.

Minhas mãos lapidavam como se eu fosse um artista, modelavam e deslizavam formas e silhueta que, sem aptidão para o ato, como apenas eu podia descrever a arte, denominei de mãos de carpinteiro. Acho que ambicionava refletir o meu busto, mas em vão; do meu desejo fez-se apenas uma escultura de um desabafo. Mas representativo, ao que dei o nome de obreiro. Percebi que a cada pedra moldada, um suspiro dentro do meu peito registrava uma satisfatória mudança. Parecia que esculpia o meu ser, a minha alma. E a obra, que levou meses, acompanhou-me anos, e não se passava um dia que eu não a admirasse ou refizesse o seu semblante. Ou o semblante do obreiro, como a chamava.

E de base me serviu, e de respostas complementou-me para aqueles dias em que só fazia esperar o dia de encontrar o meu aprendiz e ensiná-lo.

Diante das rotineiras obrigações dentro do mosteiro, o que me motivava a não desistir da procura do aprendiz era a história da caverna, que para muitos daquele vilarejo já passara a ser um mito, ou uma lenda. O que todos não sabiam era da aparição dos três anjos. Esse fato apenas confidenciei a um respeitado ancião, que ao falecer levou consigo a sigilosa confissão, aconselhando-me a fazer o mesmo.

E, repetidas vezes, lembrava-me da frase que jamais esquecerei.

— Um homem deve ter um segredo. Deve cultivá-lo e dividi-lo apenas com o seu sucessor. Um homem sem um segredo é um homem sem história, prova de que não passou pela Terra, e se passou nada cultivou. Mantê-lo é a sua doutrina. Rompê-lo é a sua desgraça, pois provará a sua fraqueza diante das suas provações.

E assim como que para atingir uma meta, buscava um dia partilhar aquilo que acreditava ser o meu maior segredo. Uma lenda que apenas eu vivi e senti, e poderia crer que era verdade.

A luz e os três anjos.

E o principal, os mensageiros que me mostraram a missão, que acelerava o meu coração apenas em pensar na incumbência a mim destinada.

A responsabilidade de ensinar a um aprendiz o segredo da liberdade, o registo da humanidade.

Tudo parecia tão obscuro, mas a minha fé mantinha a idéia fixa na minha mente.

Somente me preocupava a idade, os meus cabelos começavam a cair, a meia-idade já ameaçava a transformação, mas nada de novo havia sido acrescentado em relação ao aviso.

Fitava aquela obra esculpida, tocava-a como se tentasse que ela me respondesse ao apelo das respostas, e o que resgatava era apenas a passividade da maturidade.

Mas houve um momento na minha meditação em que algo tocou o meu coração, quando daquelas rotineiras visitas à velha caverna.

Fitei um ponto de luz que vinha do alto. O meu coração encheu-se de emoção, a minha fé tomou conta do meu ser, e as lembranças invadiram aquele estado de graça.

"Eis que chegara a hora da resposta", concluí. "Eles voltaram. A minha missão será finalmente cumprida!"

Era só o que ambicionava a minha idéia fixa, há tanto tempo armazenada.

Quando, para meu total espanto, da luz se fez a matéria, e de três fizeram-se treze.

Os meus olhos, esbugalhados, pareciam querer saltar do meu rosto; podia sentir um calor intenso envolver o corpo.

O meu medo fora substituído pela alegria.

A minha emoção era indescritível!

E a partir daquele dia, descobri o real valor do segredo.

À prova fui colocado noites e noites de aprendizado.

A cada dia uma nova filosofia, que tinha por base o respeito, a liberdade do espírito, a fraternidade, a doação e, definitivamente, a igualdade dos seres "que se fizeram nós". Nas noites em que me afastava do mosteiro, não despertava a atenção daqueles que comigo o habitavam e partilhavam.

Devido ao hábito da meditação, os dias de ausência que me propus aos ensinamentos foram vistos por eles como mais uma fase de autoconhecimento.

Quão ricos foram para mim aqueles dias de interiorização.

E, concluídas as provas, designaram-me a responsabilidade de formar grupos de dignos e ilustres cavalheiros, escolhidos pela sua idoneidade, para fortalecer a filosofia a mim atribuída.

E assim passaram-se os dias, e a escolha aconteceu de forma natural e gloriosa. O primeiro a integrar-se fora o irmão Ludovico. Religioso e peregrino da paz e da fraternidade, procurava com a sua irreverência desviar a atenção dos outros irmãos para campanhas impostas por ele mesmo, e como homens de um exército reuniam-se para ajudar aquele povo sofrido e sem mais esperanças.

Todas as idéias brotavam e estrategicamente dividíamo-nos em funções.

Aos poucos, senhores comerciantes, portadores de grande caráter e dignos de confiança, uniam-se a nós, e a força alicerçava-se como base sólida e verdadeira.

Aliás, a palavra "verdade" era a nossa principal bandeira.

Com tão ricos atributos, formamos então um grupo de cavalheiros fiéis a uma filosofia que ambicionava, em princípio, o segredo e tudo o que ele revelasse, diante do silêncio conquistado.

E assim os dias seguiram...

A mim apenas acrescentava o aprendizado, e a sabedoria elevava cada vez mais o meu ser.

"Mas e o meu aprendiz?" — questionava-me. "A quem deixarei; tanto conhecimento? E quanto à missão, que nem sequer delineei todavia, ao desconhecido sucessor?"

Nada temia. Nem sequer um dia os tremores da Terra abalariam a minha fé.

Contudo, temia os dias que passavam e a idade que já refletia o semblante, sempre marcado pela minha frágil saúde.

Apesar de tudo, não abandonava a idéia de que até o meu último suspiro tentaria encontrar o meu aprendiz.

Sonhava com um florido caminho, que me mostrava um angelical e ingênuo rosto de menino.

E a cada manhã de sol, ou noite de luar, pedia aos céus que de mim se aproximassem ou que me proporcionassem o então almejado "reencontro".

E o meu pensamento viajava por distantes lugares onde a vida era menos real, mas que me permitia pedir pela paz nos corações dos homens.

E, sereno, parecia levitar em meditação, quando de repente alguém me despertou e me intimou:

— Queres tutelar o pequeno Antoain? Tens muito jeito com as crianças, e agrada ao Rei a idéia de entregar a educação do sobrinho a ti.

— A quem te referes? Do que me questionas? — perguntei confuso.

— Falo-te de boa música, boa comida e boas relações com a corte.

— Agrada-me o convite, e a confiança lisonjeia-me — respondi.

— Diante de tais afirmações, amanhã apresentar-te-ás ao Rei e ao pequeno Antoain, oferecendo os teus préstimos.

Na primeira noite que soube da tutela, já eu o envolvia nas minhas orações, pedia por aquele que iria fazer parte das minhas tardes, quebrando finalmente a minha rotina.

Confesso que ansiava pela nova situação. Os adultos eram nobres e disciplinados alunos quando se tratavam de sermões religiosos, mas, quanto a um pequeno burguês, o que será que me reservava o destino? E foi quando decidi: começaria pela linguagem da natureza. As palavras da luz, que me concederam a vida um dia.

Era uma vez, uma plantinha...

Capítulo IV

O Grande Reinado do Pequeno Rei

Monsenhor Wagner, bispo da nossa comunidade, era uma figura imponente, autoritária, e o seu rosto nunca esboçava um sorriso. Mas o seu olhar, esse era revelador.

Expressava uma mágoa que riscava a sua face, cicatrizava as suas mãos que, sempre em punho fechado, colocavam as suas palavras.

Todos afirmavam que tanta rigidez carregava um segredo, que por certo jamais alcançaríamos, pois as suas fiéis companhias eram os que derivavam de uma política que envolvia a corte e os seus interesses.

Esses, sim, mereciam a sua atenção, e, devotos das suas orientações, não havia limites para as suas ordens. O que ele pedia, ou melhor, mandava, era fato consumado.

Mas nós apenas nos limitávamos a obedecer.

Eu, particularmente, jamais seria um dos escolhidos pela elite, pois me viam como um pacificador e isentavam-me das suas diretrizes. Nunca manifestei a minha opinião, também acredito que não necessitavam dela, pois o grupo já tinha os seus seguidores.

Preferia que me vissem dessa forma.

Assim permitiriam as minhas reuniões sem que fossem molestadas, ou até mesmo anuladas.

Para que isso fosse possível, toda a cautela era pouca diante daqueles vigilantes atentos.

Então, de comum acordo com o grupo de cavalheiros, decidimos que toda a nossa linguagem seria baralhada, por meio de gestos e códigos.

Sendo assim, os que não merecessem a nossa confiança jamais dividiriam os nossos ideais ou pensamentos.

Quanto a eles, não era muito difícil saber os seus planos e estratégias.

A vaidade e o poder eram exclusivos e de interesse próprio à corte e ao clero. E esses atributos eram demonstrados em gestos imperativos, quando não, algumas vezes, cruéis.

Nada que fugisse ao controle das suas ordens ou crença poderia um homem vivo argumentar. Liberdade, revolução ou igualdade eram sinônimos de inferioridade, ou seja, automaticamente o mais nobre torna-se-ia o mais infeliz, e o preço pago pelas suas idéias, algumas vezes, era a sua própria vida.

Mas nem por isso fiquei chocado diante da função que me fora atribuída: a de cuidar do pequeno futuro rei.

Estaria entre eles sim, mas os seus maus costumes jamais me convenceriam a mudar.

Procurava ver a nova situação de forma a me distrair, afinal as crianças sempre foram as mais agradáveis companhias, e as idéias preconcebidas, ou os costumes que partilharia a partir de então, não me iriam atingir, visto que pretendia ensinar o pequeno Antoain diante do mais requintado cenário, a própria natureza.

Até as notas musicais, de que tanto faziam questão os seus responsáveis, Antoain aprenderia com o cantar dos pássaros.

Planos e planos.

Mas como me receberia o aluno?

Resolvi preocupar-me na hora do encontro.

E eis que se formalizavam as apresentações:

— Antoain, este é o teu mestre. Terás a companhia dele desde o despertar até o recolher.

— Ou até quando não me quiseres mais como teu tutor — brinquei. — Como tens passado, meu caro?

— Muito bem, senhor.

Cumprimentei-o para formalizar os nossos laços de nova amizade.

Mas me incomodava o seu olhar, sempre cabisbaixo, talvez fosse muito tímido ou não havia tido a oportunidade de se expressar, quem sabe.

"Deus me permita poder conhecê-lo e até ajudar esse pobre menino, que não deve ter sequer a oportunidade de respirar sem que seja cautelosamente observado e controlado"— pensei.

— Tens amigos, Antoain? Podes partilhar-me com os teus companheiros, afinal seremos todos...

E ele me interrompeu a frase, afirmando como se, pelo óbvio e natural, eu houvesse feito um comentário absurdo, concluindo:

— Não, senhor. Os meus afazeres não me permitem, senhor.

Afazeres ou confinamento, pensei.

— Mas te asseguro que esses hábitos irão mudar. Partilharás com o teu povo e dominarás a fala como ninguém. Precisas de convivência, como queres imperar?

E diante da minha indignação, calou-se o pequenino.

O remorso bateu forte no meu peito.

Acho que estou a exigir de mais do meu novo aluno, que já deve ser muito castigado pelas leis impostas à postura que lhe é destinada.

Refleti por alguns instantes e contornei a minha atitude comentando:

— Sabes que temos uma tarde inteira para desfrutar um bom passeio? — perguntei amistosamente.

E com os olhos a brilhar, o seu sorriso aprovara o meu convite, para meu alívio.

— Vamos, apressa-te. Vamos à colina? Gostas da colina? Quantas vezes a visitaste? Aposto que não conheces a árvore abraçadeira.

— Não tive ainda a oportunidade de conhecê-la, senhor.

E enquanto falávamos ele caminhava apressado, talvez temendo por uma nova decisão da minha parte, revogando o tal passeio que o deslumbrava.

— Como não a conheces? Intriga a todos o seu tamanho. Não poderia ter passado despercebida ao teu olhar tal maravilha abundante da natureza. Inevitavelmente esbarrarias nela e certamente abraçarias com força o seu caule. Tal ato já é conhecido como um ritual na colina.

— Não conheço, senhor, porque jamais estive na colina. Apenas aprecio à distância o seu vale verde. Quero confessar algo, se me permites.

— Queres confidenciar-me algo? Isso muito me lisonjeia, caro amigo.

E a palavra amigo roubou mais um impulsivo sorriso do seu rostinho meigo e ingênuo.

— Algumas vezes pude escutar dos serviçais encantadas histórias, que envolviam seres tão iluminados e tão belos que até me embalavam os sonhos, as noites e os dias também.

— Acho que aprenderás muito sobre a vida, sem que tenhas que abandonar o teu sonho, Antoain. Prometo-te que jamais te tirarei o direito de sonhar.

E ele me fitava com estranheza, mas deslumbrado interessava-se pela minha proposta.

— Imagino que não te cansarás da caminhada? Crês que podes escalar?

Preocupado com a novidade, não parecia se importar com o desafio.

E quase sem fôlego resistia e corajosamente se propunha a demonstrar forças na escalada.

Foi quando exclamou num eufórico grito:

— Um pássaro grande! Nunca vi um tão grande nem tão de perto! E há mais, senhor! Veja!

— Deve estar com toda a família... — acrescentei. — Tens fome, Antoain? Já se passaram horas e não me falaste sobre o teu apetite. Necessitas de algo? Talvez tenhas sede, logo mais à frente há muita água limpa e então aproveitaremos para um repouso.

E, para meu espanto, ele nem sequer piscava. Os seus olhos brilhavam, parecia anestesiado pelo deslumbrante e novo cenário.

Da sua rígida educação já esperava que tivesse dificuldades quanto às novas adaptações, porém, chocavam-me as suas reações.

Parecia que pela primeira vez havia descoberto o real sentido da liberdade.

E podia-se notar quando renovava o ar dos seus pulmões, num grande suspiro. Absorvia intensamente o ar.

Eu sugeri:

— Pareces muito satisfeito, meu filho. Nem sequer te queixas do cansaço. Mas te peço uma pausa, prezado guerreiro.

O soldado rendeu-se diante da exaustão.

— Permitamo-nos descansar. Aproveitemos a sombra e a boa brisa desta tarde abençoada.

— Sim, senhor. Como queiras, senhor.

E, rompendo as formalidades, solicito ao pequeno nobre que me aceite como seu amigo e me trate como tal. Então lhe pedi:

— Quando quiseres falar comigo, Antoain, preocupa-te apenas com o assunto, não com aquilo com que me vais questionar. Apesar de me causar admiração a tua conduta educada, constrange-me e quase que nos separa ao expressares "senhor" a cada palavra que me diriges.

— Perdoe-me, senhor, não é intencional causar-te qualquer desconforto. Mas afinal como posso chamar-te?

— Como queiras, devemos entrelaçar os nossos interesses, afinal partilharemos uma boa parte dos nossos dias e estaremos juntos por um só ideal, o teu crescer. A tua hombridade. A tua dignidade. Para isso te confio a opção e a liberdade de escolha no tratamento. E, então, como concluis?

— Serás meu mestre, não?

— Sinto-me honrado, porque ser nomeado teu mestre enobrece-me, amado Rei.

— Pois, então, curvo-me diante do nosso acordo e reverencio com respeito o nosso primeiro pacto.

Demos então as mãos, com um forte aperto.

Parecia estar diante de um grande homem. Apesar da pouca idade, já transparecia o dom de imperar. Era convicto, e o ar tímido já se dissipava diante da decisão apresentada.

Mas durava pouco a sua imponente postura. Relaxado, bocejava e esbarrava na brisa entregando-se ao sono.

Dorme, meu pequeno Rei. Dorme, pois um dia valorizará muito esse momento de dispersar, de com nada te preocupares. De voar sem temor, em teu brando repousar.

O seu semblante, angelical, era suave e tão sereno, que me penalizava despertá-lo.

Mas era chegada a hora de retomar o caminho.
— Acorda, Antoain! Não queres que toda a corte nos venha resgatar, não? Se tardarmos, o que pensarão os que o prezam? Que te troquei por uma farta recompensa!
E, meio ensonado, reagiu e retrucou:
— Mestre, estarás sempre ao meu lado, não?
— Se assim me permitires...
— E vigiarás o meu sono?
— Até o teu despertar.
E aliviado suspirou:
— Que bom. Não me alcançará o mal, pois o meu espírito por certo protegido estará.
— Fala-me sobre esse teu penar. Temes pelo momento de teu sono?
— Sim, meu mestre. Desde que a minha mãe se foi, creio que quando adormecido o espírito me é roubado.
Confuso e intrigado, tentei compreender e voltei a perguntar:
— Crês que a tua mãe o levará? Não cometas essa injúria, meu filho, o seu espírito, bondoso, hoje apenas levita como um anjo de asas, ladeado de muita luz, pois assim se transformam os seres de bons presságios.
— Não é de minha mãe que me vem o temor quando cerro os meus olhos para repousar, mas sim daqueles que a vieram buscar. Tu sabes, meu mestre, os mensageiros da morte, que vêm com uma toada triste nos seus instrumentos de sopro e nos roubam, sem sequer fazer alarde, os nossos amados entes. Eu estremeço só de pensar.
Ah! Quanta inocência aquelas palavras fantasiavam. Eu lastimava a forma como aquele pequeno e nobre ser alimentava-se de consolo.
E prosseguia sem cessar:

— Como meu mestre deves conhecer tudo. Já te deparaste com o tal anjo? Já travaste batalhas para não te levar? Sabes o seu nome? Onde é que ele vive? Há quem afirme que ele não surge do alto e sim do mais tenro solo.

Em princípio desejava apressar-me a desvendar os mitos que envolviam o temor do nosso lendário discursador, mas despi-me da ansiedade e usei da pausa que me permitiu falar para acalmar os seus ânimos, e disse-lhe:

— Eu proponho esclarecer-te tudo. Tens todo o direito e deves saber: aqui estou para ensinar-te e servir-te. Mas te peço que me permitas uma breve oração: irei pedir para Deus nos abençoar e me dar forças, pois a missão parece-me mais árdua do que pensei.

E ele com pouco entendimento das palavras, resolveu concordar e silenciar. Fitava-me com os olhos e acompanhava-me com as suas orações, e juntos agradecemos num ato de louvor a Deus, fazendo o sinal da cruz, abençoando-nos assim para a longa caminhada.

Porém, isto era apenas o início...

Mas, fortalecidos os laços daquela amizade, os anjos clamavam por perto, tocando os seus instrumentos de sopro. Podia até ouvi-los. Confundiam-se com o cantar dos pássaros. Anjos esses que para nós vinham só harmonizar, jamais nos levar.

E a primeira lição fora dada...

A da entrega diante da confiança.

A troca.

A inocência e a sabedoria.

Dois pesos, duas medidas.

Dois ângulos, dois extremos, duas vidas que, a meu ver, em pouco tempo, tornar-se-iam uma só. A vivacidade daquele pequeno ser, atada à sabedoria deste que já não dispunha de tanto tempo para ver imperar os seus conhecimentos adquiridos.

Mas restava ainda a esperança que sempre fez frente aos meus anseios. Esperança da liberdade, vista pelo futuro deste que ambiciona reinar.

— Que Deus te abençoe e te mostre sempre o caminho do saber, meu filho.

Expresso a minha bênção e despeço-me observando-o a se distanciar.

— Até breve, meu mestre.

E apenas os corpos separados, já sabia que o trouxera comigo em pensamento, e que seguramente ficou sempre comigo ligado pelo mesmo sentimento, o amor.

E ainda flutuando, em leveza de espírito, pelo grato dia proporcionado pelo encontro, fui abordado e consultado:

— E então, como se portou o seu aprendiz, senhor?

— Aprendiz? — respondi com espanto.

— Sim. O seu aprendiz Antoain — afirmava ele.

— Claro, o meu aprendiz! — exclamava eu feliz e muito satisfeito com o cargo, pois muito me alegrava aquela afinidade.

— O meu aprendiz? — e repetia com glória — Meu aprendiz?

— Sim. Por que tanto espanto? Parece ter desenvolvido um dogma! Uma riqueza por certo — concluiu.

E mais uma vez o estado de graça enobreceu-me a alma, e agradeci a Deus por mais uma oportunidade de renascer...

E eis que surgiu a luz, a vida, a missão, o aprendiz...

Antoain. E quanto feliz me fazia!

Capítulo V

O Direito de Viver

A nossa amizade já durava alguns anos, com uma sólida estrutura.

Já perdera o medo do sono, ou seja, o medo da morte. E ganhava a coragem do desafio que apenas começava, demonstrando os seus ideais e objetivos por meio das amizades cultivadas com seus amigos "plebeus".

Antoain passou a ver a vida por outro ângulo, quando despertado pelas necessidades do amado povo (que assim o considerava). Podia trocar informações e até o aprendizado da única escola que iria desenvolver a sua postura como líder e futuro rei.

E, certamente, enchia-me de orgulho quando aconteciam situações onde se comprovava a minha parte nesse aprendizado, como no exemplo do inesquecível dia: a primeira caçada de um nobre.

Tratava-se de um desporto em que o jovem era desafiado na sua coragem. Até a sua postura e elegância diante do tradicional jogo eram observadas.

Desumano e até covarde, o homem enobrecia-se e enchia-se de orgulho perante a sua vaidade.

Algumas vezes destruía uma família de animais indefesos, quando abatia a fêmea do grupo, e sem a mãe os seus filhotes viam-se presas fáceis dos predadores maiores.

Se o conhecia tão bem, imaginava como poderia ter sido a sua insônia na noite anterior.

Mas chegado o dia da primeira vez de Antoain, procurei não intervir. Apenas me limitava a observá-lo.

No fundo confiava nos meus ensinamentos quanto aos direitos da liberdade de viver.

Procurava pregar o que aprendera como testemunho vivo, que somente Deus pode tirar a vida.

E Antoain fez das minhas as suas palavras.

Apresentou-se como era o costume, numa veste imponente, montou o seu cavalo favorito e, diante da mira da sua caça, anulou o tiro, que desviou para o alto, argumentando:

— Como poderei reinar sem o sentimento de misericórdia? Dizei-me!

E perante o silêncio e o espanto de todos, insistia a questionar:

— O que é que os senhores me respondem, graduados e nobres cavalheiros? Sabeis o valor da vida? Como vos sentires, se acaso um dos vossos entes queridos fosse arrancado do vosso convívio? Se o esteio forte, como homens que sois, quebrasse, desamparando as vossas famílias? Acreditais sermos diferentes desses indefesos animais? Por certo somos. Raciocinamos e deixamos a nossa razão gritar mais alto que a nossa emoção! — discursava Antoain.

Atônitos e mudos, acovardados como nunca, um a um foram deixando a cena.

Senão conscientes, ao menos tocados pela iniciativa do seu futuro Rei.

Porém nem todos receberam dessa forma a notícia da frustrada caçada.

Pela primeira vez, pude sentir bem de perto a ira de Monsenhor Wagner, que protestava elevando até a sua voz, coisa que não lhe era comum.

Sempre preferiu camuflar o que pensava, trocando a sinceridade pela sutilidade, só que dessa vez pude presenciar o peso da sua contrariedade.

Ele atribuiu toda a culpa do desarmamento da caça aos meus ensinamentos, acusando-os de serem ingênuos e irreais, e dizia sem respirar:

— Tu foste levado até a corte para orientar e educar o nosso futuro rei, e o que resulta das tuas crendices? Uma inocente cena de compaixão! O que poderemos esperar desse ainda jovem idealista? Imaginas esse pobre diante de uma revolução? Será massacrado por seus inimigos e zombado pelo resto dos seus dias!

E sem sequer tomar fôlego, prosseguia:

— Como homem de punhos fortes, deves dirigir os seus objetivos! Sabes que o rei entregou o seu único sucessor aos teus cuidados e não fazes por merecer tal honra! Queres criar um rebelde? Um revolucionário sem causa? Pois trata de corrigir tais falhas! Esperamos mais dos teus conhecimentos e habilidades.

A mim, chocava-me a sua frieza e indignava-me tanta repreensão diante de uma lição pela qual pregara, que era o direito de viver. Tivemos a mesma escola e dos manuscritos a mesma leitura, interpretados por certo de diferentes maneiras.

O meu silêncio respondia pela minha insatisfação e, de cabeça baixa, abandonei a cena e dei a entender que compreendera a mensagem e que acataria as suas ditatoriais ordens.

Mas no íntimo apenas pressentia o que o futuro nos reservava.

Uma discordância de pensamentos e uma guerra pelos direitos concedidos à humanidade, ou seja, a ambição justa e clara de se "ser feliz".

Direitos estes que nos foram atribuídos por iguais condições, filhos do mesmo Pai, nosso Criador.

E estes temores pareciam ter sido transferidos para Antoain, que me contava os seus terríveis pesadelos, onde predominava uma insuportável sensação de perseguição.

Acordava no meio da noite, algumas vezes em delírios febris, e gritava perturbado, parecendo sofrer dores que lhe atravessavam o peito, arrancando-lhe o coração, tais eram os seus gemidos de súplica.

E tanto sofrimento colocava-me entre a cruz e a espada.

Sabia que era reflexo de duas condutas, de duas linhas de pensamento, opostas, que pregavam diferentes diretrizes.

Por um lado, o poder e a corte — seus ideais escravizantes e ditatoriais preconceituosos e ignorantes — quando percebiam uma sabedoria superior à suas, queimavam ou sacrificavam opositores diante do seu próprio povo, em sinal de alerta, evitando assim qualquer manifestação de desejo ou pensamento adversos.

E, pelo lado oposto, a necessidade de liberdade, o sonho de ver aquele povo que sempre confiou a sua admiração nos seus ideais, responsabilizando-o assim por promessas de dias melhores.

De repente, começaram a ser vigiados pelos membros da corte, que em alerta já se posicionavam para a crítica, eliminando sempre qualquer expressão ou qualquer conduta de igualdade.

Da minha parte já não podia fazer muito mais, além de pedir proteção e muita luz para aquele que um dia se iria ocupar de um trono e reinar.

E reinar não era apenas um ato de vaidade, poder, ou até mesmo uma situação de irremediável herança.

Era muito, muito mais que isso.

Era poder ter a oportunidade de realizar o mais antigo sonho do homem, o seu desafio maior.

A prova constituía-se em poder voar...
Sentir-se tão leve diante da sua consciência, tão seguro da sua missão cumprida e levitar até alcançar o mais alto dos seus limites, ancorando após tal vôo em terra firme e fértil, colhendo os frutos cultivados por tais méritos, ou seja, a paz nos corações dos homens.

Mas tal caminho parecia extenso, já que desvendara a obrigação, e o seu seguidor consciencializava do real papel de aprendiz.

Temia pelo seu futuro incerto, quando um dia tomou-me um sentimento de desesperança.

Debrucei-me diante daquela caverna e esperei que a claridade me desse as respostas, ou me mostrasse as falhas, para melhor conduzir os atos do meu amado filho, Antoain.

A resposta obtive diante do meu calar.

Em silêncio pedia para que Deus me perdoasse a contrariedade de tais situações, e ao mesmo tempo almejava forças àquele jovem aprendiz.

Sem a luz, pude ver também a luminosidade da alma, que testava o meu saber.

Quando acreditei que tudo já sabia e que apenas me restava orientar, pude perceber que a minha maior missão era transmitir que a verdadeira essência era invisível aos olhos dos homens.

Eis então a fé.

E foi com essa mesma fé que me posicionei diante da minha intuição, assegurando-me quanto ao caminho a percorrer.

E a partir daí senti a necessidade de deixar fluir a filosofia dentro daquelas secretas paredes, para atuar com o mesmo objetivo e pô-lo em prática. Ou melhor dizendo:

Doutrinar a paz nos corações da humanidade, lutando sim, mas por uma causa justa e definitiva: a liberdade diante da igualdade, dando seqüência à fraternidade entre irmãos que formavam uma grande família.

Capítulo VI

A Iniciação do Real Aprendizado

Atônito, os seus olhos fitavam-me sem se desviar um minuto sequer.

Antoain parecia querer desafiar-me, e ao mesmo tempo eu o sentia temeroso.

Surpreso, mas convicto que ao meu lado estaria seguro, dispensou maiores esclarecimentos, onde apenas o silêncio nos envoveu na pretensão de respostas.

E o inevitável aconteceu.

Era chegado o momento da iniciação de Antoain junto à nossa sociedade secreta.

Preferia prepará-lo melhor, mas fui praticamente induzido a fazer assim, sem muitas alternativas, pois a situação no país não era muito amistosa.

Como futuro rei e meu principal aprendiz, devia-lhe essa conduta.

A minha função era orientá-lo e mostrar-lhe o caminho justo e perfeito.

A população carecia de liberdade e já não podíamos negar mais os direitos que cabiam a todos, por igualdade.

Além de que esse era somente o início de uma extensa doutrina, que o nosso escolhido aprendiz apenas começava a conhecer.

A cada prova, a expectativa do novo rito.

A cada movimento, olhos atentos aprovavam ainda mais a determinação de Antoain.

Eu olhava para aquele porte de homem, e até líder, que se preparava para assumir o reinado do seu país, e não podia deixar de despertar para a vida; o menino crescera e eu não havia sequer percebido.

Talvez quisesse poupá-lo a maiores sofrimentos. Escondê-lo atrás de uma realidade que não podíamos omitir mais, pois diante dele se encontrava uma população que carregava um árduo fardo de longas datas, herança que por certo não se perduraria por muito mais.

Era chegado o momento da mudança... da transformação.

E a primeira proposta real veio do próprio Antoain.

Uma frase que tentava imortalizar diante do novo caminho que se propunha a trilhar.

Ele afirmava empolgado e até emocionado diante da conclusão de seu primeiro rito:

— Unidos, libertaremos o nosso povo! Liberdade para o meu povo! — insistia ele... — Liberdade para o meu povo!

— Liberdade para o povo! — aclamavam todos com a mesma excitação.

Mas sem querer interromper a comemoração que festejavam antecipadamente, esperava a ocasião para exemplificar o real sentido da liberdade.

Para isso cultivávamos os ensinamentos até o momento certo, para depois praticá-los.

E diante de tanta euforia os meus pensamentos voavam para o passado, recordando-me o início de toda essa fase de crescimento espiritual.

Temia falhar.

A minha responsabilidade era muito grande diante do meu aprendiz.

Por mais que desejasse ensinar o que me foi dado como graça divina, cabia aos instintos de Antoain seguir o que o seu jovem coração mandasse.

E o meu semblante preocupado despertou a curiosidade do nosso aprendiz, que me questionou:

— Meu amado mestre, daria o meu reino por essa imagem de tristeza que representa o teu olhar. E se te conheço bem, carregas um doloroso segredo. Vamos, sou teu aprendiz, mas acreditas que sou teu grande amigo e confidente, tal como tu és o meu. Divide, pois, esse teu segredo. Tão pensativo estás que nem pareces estar aqui junto a nós. Não estás feliz pela minha iniciação? Foste tu mesmo que me fizeste merecer tão honrosa oportunidade!

— Mais honrado estou eu por ter a tua companhia, com a qual poderei partilhar a partir de agora tudo aquilo que sempre tentei mostrar-te por meio de gestos e atitudes.

— Então alegre-se meu mestre. Hoje é um dia muito especial para todos nós. Sei que a tua intenção é preparar-me para desafiar tudo o que o meu próprio poder até então semeou. A individualidade, a vaidade pessoal dos nobres insensíveis e ainda os preconceitos e as distinções de idéias condenadas por uma minoria, mas forte elite.

— Controla a ansiedade, Antoain. Não se faz o novo mundo em sete dias. Não temos tal poder.

— Mas hoje somos muitos! Só temos que vencer!

— Vês como tens a visão errada dos fatos, meu filho. Não se trata de uma guerra de poder.

— Nada temos que provar, tampouco a ninguém. Temos que nos conscientizar que a liberdade principal é antes de tudo a paz interior. A liberdade do espírito é a meta real. Mestre, sempre fui seguidor dos teus passos. Se hoje me faço homem digno de ser filho de Deus, tudo o que de digno aprendi devo-o a ti, que me orientaste desde tenra idade. Uma das principais lições que até hoje carrego e pretendo levá-la aos meus sucessores são as preciosas palavras, em que se afirma que a salvação da humanidade é a doação e a fraternidade.

— Alegra-me saber que trazes como ideal a conduta da igualdade e a oferenda aos menos favorecidos. Mas te enganas quando pensas que segues os meus passos. Em bem da verdade, sou eu o teu seguidor. É de ti que esperamos a diretriz e o caminho a percorrer.

Ele, sem compreender a metáfora, baixou a cabeça como que aceitando o que lhe foi imposto, preferindo silenciar diante da grande responsabilidade, que já pressentia ser mais um ensinamento.

Gostaria de poder ser mais claro nas minhas posições, mas Antoain estava apenas a iniciar o seu aprendizado. Aprendizado esse que poderia alterar não só o rumo da vida do seu povo, mas o de toda a humanidade.

Tantas transformações deviam-se à maior riqueza que o homem pode trazer na sua existência: a sabedoria. Mas adquirir tanto conhecimento significava dedicação e lealdade.

Fidelidade de entendimento diante das idéias equivocadas e preconcebidas que carregamos nas nossas mentes, desde os primeiros passos que damos nas nossas vidas, impostas pela sociedade, que é estarmos limpos e íntegros diante da nossa consciência.

Podermos nos dividir em sonhos, e ao despertar seguir para a missão a cumprir, sem deixar vestígios que nos sirvam de cobrança. Compreender que podemos ser reis e rainhas do nosso próprio reino e que para isso basta que tenhamos o respeito como base de qualquer conduta a ser designada.

E, por fim, permitir-mo-nos imperar um dos mais nobres mandamentos da lei de Deus: "Amai-vos uns aos outros como eu vos amei".

E enquanto meditava, tentando esconder os meus pensamentos, percebi que os dividia com Antoain, que também calado observava-me atento e aguardava um conclusivo comentário.

E com iniciativa rompeu o silêncio:

— Mestre, crês que serei um bom rei para o meu povo?

— Sim. Creio que nos darás muita alegria e orgulho. São as palavras mais bem colocadas para o sentimento que me invade o ser neste momento — orgulho e gratidão. Motivos pelos quais só devo agradecer a Deus por ter a oportunidade de ver-te crescer no mais amplo sentido da palavra.

E num gesto de humildade ajoelhou-se diante de mim e, ao reverenciar, comoveu-me com o pedido de bênção:

— Abençoa-me, meu pai, pronuncia um só desejo e seguirei a trilha que me aconselhares, pois és meu guardião, meu mestre, meu confidente e principalmente meu leal e amado escudeiro.

— Eu te abençôo, Antoain, em nome do Pai, do Filho e do Espírito Santo. Que Deus te ilumine e te envolva sempre em sua proteção Divina para que possas estar alerta para o bem e para o justo.

E num abraço carinhoso envolvi-o nos braços, entrelaçando mais uma vez o nosso mais terno sentimento.

Capítulo VII

Era Uma Vez, o Amor...

Era por volta do ano de 1732, e a França despontava como um grande país dentro da Europa.

Não só o comércio, mas principalmente as artes favoreciam muito a entrada de diversos povos vizinhos.

Como toda sociedade privilegiada, o seleto grupo de nobres organizava grandes festas, onde recebia políticos para manter boas relações.

O clero, por sua vez, era uma importante influência monárquica, e não se privava da participação junto à boa música.

E foi numa dessas noites, onde a lua cheia inspirava o amor, que Antoain se deparou com uma cortesã, que dedilhava no piano uma linda canção.

E, envolvidos, pareciam hipnotizados quando os olhares se cruzaram.

Sem recusar o pedido, Stefanie propôs-se a tocar toda a noite para o seu galanteador, encantando-o ainda mais com a sua beldade.

A noite parecia não ter fim para eles.

E quando se posicionaram a bailar, davam rodopios que a todos despertavam uma certa inveja ou até preocupação.

Mas os sentimentos alheios, por certo, não importavam àquele casal.

Sequer davam conta do assédio.

Pareciam dois num só.

As palavras trocadas tinham um ar de *déjà vu*.

Falavam com tal intimidade e com tanto interesse que pareciam ter os mesmos ideais e pensamentos.

Poder presenciar o despertar do amor de Antoain era mais um dos meus privilégios.

A cada nova fase que se passava, completava-me ainda mais o orgulho e a alegria de poder acompanhar os passos do meu amado aprendiz.

Nas minhas orações, diariamente, agradecia a Deus pela oportunidade a mim atribuída de poder ambicionar a minha missão cumprida.

Estávamos no inverno, o que favorecia ainda mais o aconchego do amor.

A estação parecia inspirá-los.

Depois da primeira noite, tornaram-se rotineiros os encontros do casal.

E como era de se esperar, o romance fortaleceu-se, e até as forças se uniram nos mesmos ideais e pensamentos.

Passei a ter em Stefanie um importante apoio, ou seja, um controle dos impulsivos atos de Antoain, pois ela usava dos seus instintos femininos para atenuar as ações do seu amado companheiro.

Além do que Stefanie tinha qualificações para agradar a qualquer um que de si se aproximasse. Era uma mulher determinada e forte nas suas decisões.

Quando queria dizer algo, transmitia apenas no olhar certeiro, que, muito sutil, atingia o seu objetivo.

Por outro lado, era a jovem quase menina que agraciava todos com o seu jeito meigo de ser.

A mim, conquistou rapidamente partindo do pressuposto de que fazia de Antoain um homem mais equilibrado e até mais sensível, dando abertura a novas fases de descobertas na vida social ou pessoal.

O que mais poderia deixar um pai feliz?

Ver o seu aprendiz amado e bem conduzido, e deixar o futuro espreitar uma família, que por certo era o sonho de todos aqueles que juntos se propunham a crescer.

E ao dispor-me a fazer planos para aquele casal, quase me esquecia da real preocupação que me assombrava as noites mal dormidas.

Tínhamos planos para o futuro rei.

E o país esperava muito dele.

E, por certo, os nossos guardiões esperavam ainda mais daquele grito de liberdade.

Para que Antoain pudesse galgar o topo, antes, porém, deveria escalar a montanha.

Passar pelos obstáculos sem deixar marcas, ou ira, naqueles que ficassem para trás.

Mas essa certeza não era tão clara para nós.

Falar em paz, em igualdade e, principalmente em liberdade, simbolizava para os nobres do poder ameaça e revolução.

Falar em revolução era sinônimo de discórdia e guerra.

Agir para tal transformação, tornar concretos tais ideais, era ainda mais preocupante, principalmente se tais idéias surgissem do jovem monarca.

Quando não, era até irônico, pois parecia conspirar contra o seu próprio poder.

O intuito, na verdade, era estabilizar a vida do seu povo.

Mas até o pensar em voz alta poderia custar a vida, da forma mais cruel imaginável.

Tínhamos que caminhar em passos lentos, bem elaborados.

A nossa sociedade secreta compunha-se de grande parte da elite dos comerciantes e, conseqüentemente, da economia do nosso país.

E era nas nossas reuniões que procurava enfatizar o real objetivo dessa almejada mudança.

Todos entoavam a palavra liberdade, mas poucos conheciam o seu real valor.

Em síntese, apesar da grande força paralela, estava consciente de que essa meta deveria ser alcançada mesmo por Antoain.

Mas trilhar o caminho da vitória significava escalar a velha montanha da sabedoria.

Stefanie parecia partilhar comigo o mesmo desejo, pois se propunha a dispensar mais do seu tempo a ouvir os meus conselhos do que das vezes que desfrutava da agradável companhia de Antoain.

Mas sábia que era, dividia, convicta da verdade, tudo o que absorvera das nossas lições com o seu amado companheiro.

Os laços entre eles se estreitavam ainda mais diante de tanto interesse pelos mesmos objetivos.

Às vezes, Stefanie parecia até um pouco autoritária.

Fazia-me rir com os seus apressados passos, que se alteravam diante do seu humor, chantageando como ninguém quando algo lhe contrariava os desejos.

Como a exemplo das nossas reuniões secretas, onde Antoain, sempre tão presente, obrigava-se a ausentar-se sem deixar vestígios ou diretrizes.

Não era nada comum a uma dama tal domínio, mas quando se tratava de Stefanie, tudo era perdoável, pois era participante como ninguém.

Além do amor... Ah, o amor....
Contagiava e a tudo enobrecia.

Dizia ela que respeitava os seus afazeres, e até compreendia a sua ausência, mas inúmeras vezes tivemos que desviar a sua audaciosa perseguição, tal a determinação da nossa jovem idealista.

A mim só fazia rir a brincadeira, pois sabia que não podia alcançar-nos o trotar, apesar de ser uma excelente amazona.

Quanto a Antoain, além de dividir o cômico cenário, a desafiante dama proporcionava-lhe até um teor de valiosa estima.

E comentávamos:

— Como pode trazer tanta coragem uma curiosidade feminina? Notas? Desafia até os mistérios da noite, meu mestre! Às vezes me preocupam as suas ousadias.

— Não te preocupes com Stefanie, Antoain. A pequena frágil é capaz de enfrentar um batalhão para se defender e aos que a cercam. Não te convenceste disso ainda?

— Creio que sim. Combati duras batalhas para não entregar o meu solitário coração a essa bela e indomável dama e, por fim, eis-me aqui, envolto nessa adorável paixão!

E a conclusão deixou-nos aliviados e, ao mesmo tempo, fazia-nos rir muito da estratégica tentativa de Stefanie.

Mas um dia, já próximos do nosso ponto-de-encontro, antes mesmo de ostentar as nossas presenças junto aos irmãos, Antoain parou bruscamente a cavalgada e desabafou:

— Sabes, meu mestre, sempre achei que seríamos dois e únicos. Nunca imaginei dividir-te com ninguém. Mas, de repente, o meu amor por Stefanie faz-nos um único ser, e percebo que partilhamos do vosso carinho com a mesma intensidade.

E acrescentei:

— Crês que divides um sentimento?

E, encabulado, tentou refazer a gafe:

— Não, meu amado mestre, mas pensei ser único para ti, tendo-te também com exclusividade. E surpreendo-me dividindo o meu amor, as minhas preocupações, na mesma intensidade quando me protegias com o teu afago, que ainda me faz criança.

E tentei mais uma vez justificar a reivindicação, dizendo:

— Filho que te fizeste meu, não te condeno pelo medo do novo sentimento que invade o teu coração, pois estás diante de um dos maiores desafios que um homem pode temer, o velho e nobre amor. E quando pensas, Antoain, que divide algo quando amas, enganas-te meu filho, pois apenas acrescentas mais uma estrela no teu céu interior. Olha para o alto. O que vês?

Ele observou atento, e entusiasmado gritou eufórico:

— São lindas! E as mais brilhantes estrelas que já vi!

— E como justificas tamanha beleza?

E sem muito pensar, respondeu:

— São três, meu mestre. São três unidas e grandiosas na sua beleza.

— Cada uma, apesar de parecerem iguais, Antoain, têm uma finalidade diferenciada. Iluminar uma direção do nosso percurso noturno. O que seria das nossas escuras noites de inverno se não fôssemos acobertados e agraciados pela sua brilhante proteção?

E como o mais humilde dos seres, Antoain curvou-se numa reverência, na tentativa de mostrar-me a sua generosa gratidão.

Diante do comovente ato, peguei as suas mãos, trazendo-o de frente aos meus olhos, fitando-o convicto, e acrescentei:

— Nunca mais te permitas esquecer o que vou te dizer, meu filho, talvez a mais importante de todas as lições. O amor, que tanto apoquenta o teu coração hoje, veio apenas para acrescer. Lembra-te sempre, Antoain, que seremos eternamente três a partir de então. Para que cada um possa iluminar, embelezar e direcionar os caminhos dos que unidos buscam realmente chegar...

A minha mensagem ecoava e seria indiretamente absorvida pela sensibilidade de Stefanie, pois de testemunha tínhamos a lua e, intuitiva como era a nossa pequena amada, já dividia o pacto pela sua poderosa força feminina, provando assim o quanto estavam unidos os nossos corações pelo mais sincero e real sentimento, o amor.

Capítulo VIII

O Segredo Adormecido

Stefanie! Por favor, Stefanie! Volta... Estende as tuas mãos que eu te alcançarei! Não me abandones Stefanie, volta... Não!... Não!... Não!...

E desperta assustado Antoain, delirando no seu pesadelo, que já passara a ser rotineiro desde a morte do seu rei, o seu tio, o monarca Ricardo.

Transtornado, transpirando muito, respirava ofegante, e parecia querer algo que nem sequer conseguia interpretar, pois a sua ansiedade o impedia.

Ofereci-lhe um pouco de água numa improvisada tigela, para obter o seu alívio.

Esperei que se acalmasse. E servi os meus préstimos.

— Meu filho Antoain, diz-me o que tanto te afliges? Adormeceste, deitado nessa relva, estás aqui desde bem cedo. Vê como te portas, meu filho! Parece um refugiado! Todos estão à tua procura, inclusive Stefanie, que se desespera na tua busca, e por quem tanto suplicas.

E depois de suspirar, recupera o fôlego e responde-me finalmente:

— Mestre, como me traz conforto a tua presença! Saber que não estou só e que a partida da minha Stefanie não passou de um perturbador pesadelo. Sonhava que estávamos num vasto relvado, e caminhávamos serenos, acariciados pela brisa, num final de tarde. Posso lembrar-me de cada detalhe. Parecia tudo tão real, Mestre!

— Bem, mas tão suave passeio não te poderia ter provocado tanto empolgamento.

E interrompe-me, concluindo:

— Sim. Estávamos enamorados e felizes, quando de repente as mãos de Stefanie desprenderam-se das minhas, e a brisa passou a ser um terrível e dominador vendaval, levando-a para bem longe de mim! Tentava alcançá-la, posso sentir até o presente instante o seu angustiante choro. Mestre, que agonia me dá a lembrança desse pesadelo!

E tentava consolar Antoain que, como sempre, não sabia conviver com as perdas, transformando-as em eternos fantasmas.

— Antoain, fica desperto para a vida, meu filho! Não podes te abater dessa forma diante da partida do teu ente querido. Deves assumir o trono, como sucessor natural, e para isso tens que te fortalecer! Não permitas que os teus medos interfiram nas tuas decisões. Como podes assegurar confiança e renovação para o teu povo se não te desprendes das amarras. Estás preso, meu filho, nos teus próprios anseios.

— Preciso de todo o auxílio para não demonstrar a dor que toma conta do meu peito; a minha fraqueza é transparente, meu Mestre. Às vezes, penso não ser merecedor de tanta glória a mim atribuída por aqueles que lutam ao meu lado, e confesso-te, quanto temor, quanto temor...

E entregava-se ao choro compulsivo, como se confiasse no desabafo.

— Acalma o teu coração, Antoain. Deves agradecer a Deus por estares aqui e teres a oportunidade de resgatar o que vieste buscar cumprir.

E quando me dei conta, estava a falar em missão. Diante da sua debilidade emocional não prestara muita atenção às palavras, e tentei desviar o assunto já iniciado, mas inevitavelmente fui interrogado por ele:

— Crês ser a missão do reinado a minha única meta, meu mestre? Pois nem sequer é a principal. Ambiciono ter uma linda família, filhos, e poder caminhar livre pelas montanhas a desfrutar o que a natureza me atribui graciosa e gentil. Em bem da verdade, o peso da responsabilidade faz-se incômodo fardo.

— Mas não deves fugir da vida, meu filho. Tens que te armar de coragem e enfrentar o que está por vir.

— O povo revolta-se, meu pai. Já pressente os meus anseios.

— O teu povo suplica pela liberdade, Antoain.

— E assim será, mestre. Cresci livre e sei o quanto é valioso o direito do pensar. Mas ao lado do rei está toda uma cúpula que o impede de ordenar ou optar. O clero reina lado a lado, e as suas idéias preconcebidas têm muita força e, na maioria das vezes, têm a última palavra. Temo pelo meu povo, temo também pelo poder. Assusta-me a idéia de uma revolução.

E tentei amenizar a sua aflição, orientando-o:

— Antoain, a liberdade que deves ambicionar para o teu povo é a liberdade do espírito. Deves mostrar-lhe que as amarras de todo um processo de mágoas e ressentimentos enraizados nesta terra aprisiona-lhe a alma, corrompe a paz tão ambicionada por todos e apenas nos traz mais infelicidade.

— E como falar em nome da esperança da felicidade a um povo irado e sofrido, sem perder a hierarquia? Não me darão ouvidos e tomar-me-ão por um fraco e covarde rei, que não sabe lutar e defender a sua monarquia. E quanto aos assessores? Eles irão massacrar-me, quando não me isolarem, acusando-me de loucura, como fizeram com a rainha Elisabeth Marie, minha mãe, deixando-a morrer no escuro da solidão.

E, perplexo, indaguei-o da afirmativa feita:

— O que sabes da morte da nossa rainha? Eras um bebê quando aconteceu a fatalidade.

— O que sei, meu pai, é que algum segredo envolve e dilacera os corações até os dias de hoje. Primeiro foi a minha mãe, depois o rei, o monarca Alexsander, o meu respeitado pai, que creio ter-se entregado à morte pela ausência da sua amada, pois em seguida veio a falecer, entrevado num leito entregue à depressão, sem ao menos digerir o alimento que o mantinha vivo.

— Como tens em registro tais memórias, se apenas começavas a dar os primeiros passos quando tudo aconteceu, meu filho? De onde trazes tantas suposições?

— Não se trata de suposições, Mestre, trata-se da real verdade. Com pouca idade já ouvia a querida ama mademoiselle Clair, que acompanhou a minha mãe desde o seu nascimento, lastimar-se pelos cantos, escondendo o seu choro e balbuciando palavras que até hoje tento unir em frases para interpretar os fatos.

— E o que te levas a crer que existe algo omisso de tão grave, que até te atribuis a morte dos teus entes queridos?

— Mademoiselle Clair carregava com tal zelo, como se de uma preciosa jóia se tratasse, alguns papéis que acredito serem importantes documentos, talvez cartas, que os protegia com o seu próprio corpo. Cresci vendo-a apertar tais papéis sobre o seu peito amargurado e chorando a ausência da sua rainha, minha mãe, fitando os meus olhos como se algo me quisesse transmitir.

— Mas por certo, Antoain, tal ato seria a terna gratidão pelo carinho que recebera da sua rainha, que era muito generosa com todos aqueles que a serviam.

— Enganas-te, meu mestre, como eu também todos estes anos tentei enganar-me. Pensava da mesma forma que tu. Sofria apenas em acreditar que algo pudesse esconder a verdade sobre a morte dos meus pais. E por muito tempo respeitei o segredo que envolvia aqueles escritos, mas foi no leito de morte da mademoiselle Clair que, já sem muita clareza nas palavras, apontava uma caixa sobre a mesa e pedia que eu a apanhasse e a trouxesse até ela. Coloquei-a nas suas mãos, ela a apertava com força, creio que quisesse levá-la com ela para o leito de morte, mas os seus olhos cerraram, a sua voz calou-se, antes mesmo de transmitir o seu último desejo.

— Quantos anos tinhas, meu filho, quando tal acontecimento ocorreu?

— Tinha treze anos.

— E por que não partilhaste o teu segredo comigo? Já podia dividir tal sofrimento. Calado te mantiveste todos esses anos, a te torturar.

— Tortura sim, mestre. E esse sentimento conflituoso acentuou-se ainda mais quando busquei romper com a fidelidade daquele segredo, desenterrando a caixa que, fiel, procurei esconder por muito tempo.

— Enterraste tais documentos?

— Sim. E quando voltei, para finalmente me dar conta do segredo, para minha surpresa e ainda maior angústia, os documentos já não se encontravam mais onde cautelosamente os escondera.

— Talvez te tenhas enganado quanto à cova; o esconderijo pode ser outro. Como afirmas, guardaste por longo tempo, e...

— Não, mestre. Não podias ter-me enganado, não compreendes. A caixa estava lá, mas os documentos tinham desaparecido. Alguém que por certo dividia tal segredo e seguramente era o principal cúmplice dessa trama, que a tantos fizera sofrer.

— És conclusivo nas tuas afirmações, Antoain. Falas com convicção dos fatos.

— Mas os meus pensamentos recusam-se a buscar a verdade. Temo maior sofrimento diante da descoberta da história real que envolve os meus entes amados, principalmente a minha amada mãe, pois esta por certo foi a que mais sofreu, pois o seu silêncio foi-lhe imposto, e o isolamento foi o seu destino.

— Hoje posso compreender-te melhor, meu filho. Trazes na memória mais do que teu coração pode suportar. Mas estou aqui para orientar-te e até proteger-te. Posso imaginar o quanto te afligem tais dúvidas e quanto te prende ao passado tal amargura. Sei também que tais sentimentos, no silêncio, fizeram-no crescer, Antoain, mas não deves envelhecer o teu espírito, aprisionando-o no ressentimento. És jovem e tens muito caminho a trilhar. Renovar as trilhas, encobertas pelas folhas secas, é a sua meta. Buscar o sol, caminhar com passos certeiros, pisar em verdes pastos e ver florir a esperança, galgando para chegar ao alto. Chegar, estender as mãos e alcançar o vento e, depois de tudo, recomeçar quando perceberes que não há limites para quem quer crescer.

— Crescer... Como é difícil crescer, meu mestre... Queria poder dormir, encantado pelos teus contos, e despertar depois que tudo passasse. Como é difícil crescer, meu mestre... Como é difícil despertar... Às vezes preferia entregar-me à viagem eterna.

— Não te lastimes, Antoain. Apressa os teus passos para a realização da missão. Vamos, meu filho, coragem! Precisamos muito de ti. A viagem a que te referes deve vir como uma bênção, aliviando o fardo de quem muito já lutou, e por certo a missão já cumpriu.

— Mas qual é a missão a que tanto te referes, meu mestre? Dize-me! Ordena e fá-lo-ei.

— Não te devo ordens, Antoain, e sim ao teu comando seguirei. É a ti que devemos obediência e respeito. E quando falo em missão, cabe a ti descrevê-la. Deixa registrada a tua história em letras e idiomas que a todos possas fazer compreender, e seguramente terás cumprido a tua missão.

— E o que trará tais registros?

— A lição que aprendeste a valorizar. O que todos os povos ambicionam vencer. Em todas as línguas, seja qual for a nacionalidade, o que o mundo espera dos seus protetores é a coragem de libertar. Libertar os gritos e apenas ressoar a paz.

— E como farei compreender tal paraíso a um povo que apenas anseia lutar?

— Mantendo-te forte, meu filho. Com fé. Não deixe a vigília da tua fé nem sequer um minuto. Abandona esse pensar. Deus há de iluminar-te, guiar-te; mesmo quando o teu desespero tomar-te de aflição, mantenha-te na fé, meu filho. Só ela poderá salvar-te.

E com essas palavras interrompemos a conversa, pois fomos surpreendidos pela companhia de Stefanie, que com a sua beleza emoldurava a cena.

Os olhos de Antoain brilhavam diante da agradável visita. A alegria fez-se presente a partir de então, deixando as margens sombrias da preocupação para trás. E seguimos todos os três abraçados, entrelaçando o nosso amor e reverenciando assim a vida que nos permitia a felicidade.

Capítulo IX

A Mensagem da Terra. A Mensagem do Céu

Os aposentos de Antoain foram invadidos quando se preparava para se recolher.

Françoais, seu fiel serviçal, entrava apressado, parecia desesperado, afoito, algo muito importante comprometia tal atitude.

Tratava-se de uma informação que, documentada, carregava nas mãos, despertando maiores preocupações ao seu futuro rei.

E questionava:

— Françoais, de onde trazes esta notícia? Quem te deu tal informação?

E, assustado, tremia o pobre serviçal diante da pressão de Antoain, tentando sem muito sucesso justificar-se.

Usava de gestos, pois a sua fala tinha sido sacrificada num momento em que falara demais e de quem não devia, assim sendo, era a pessoa mais bem informada da corte e nada o impedia de passar todos os acontecimentos, mas hoje apenas ao monarca oferecia as suas preciosas informações.

Trazia um manuscrito, que retratava um desenho geométrico, quase indecifrável, o que certamente era o objetivo da mensagem codificada.

Duas linhas em diagonal e uma em vertical, abrindo-se como um leque, e, no alto, uma representação de coroa fechava o intrigante desenho.

Antoain dispôs-se a decifrar a incógnita por toda a noite, o que lhe roubou o sono e tirou-lhe a paz.

Sabia que esse desenho representava algo de suma importância, e que por certo Antoain passara a ser alvo de uma estratégia comandada por uma elite, muito bem elaborada.

E a primeira pessoa a quem se lembrou de recorrer foi ao seu eterno conselheiro, seu mestre, que sábio e decisivo daria uma solução ou ao menos uma diretriz aos acontecimentos.

Mas Antoain sabia que não poderia arriscar seguir a sua procura, pois seria presa fácil da suposta conspiração.

Toda e qualquer atitude impunha sérios cuidados.

Foi quando, no meio do seu desespero e descontrole emocional, apenas lhe acorreu à memória a ajuda de Stefanie; contava com a sutil espertéza feminina e a agilidade, que no momento era o fator de maior importância.

O tempo corria e os acontecimentos também.

Da mesma forma, empolgado, Antoain invadiu a morada de Stefanie, apressando-a para um encontro, que dessa vez não parecia um dos mais românticos.

O seu semblante marcava o seu intenso nervosismo.

Cautelosa, como sempre, Stefanie, não compreendendo a agitação de Antoain, procurava acalmá-lo e fazê-lo sair da moradia, para que não despertasse nos outros o que despertara nela: a desconfiança de que algo ameaçava a paz daquela estrutura representada pelo seu rei.

Eram claras as circunstâncias daquela visita.

Havia algo de muito grave a acontecer, e os ânimos de Antoain denunciavam o alarde com que, distraído, se pronunciava.

Stefanie tratou primeiro de acalmá-lo, levando-o para bem longe de ouvidos e olhares suspeitos.

Disfarçando abraçá-lo, murmurava aos seus ouvidos que o momento era apenas de calar, observar e atento se pronunciar.

— Vamos, Antoain. Pareces um ingênuo imaturo! — repreendia Stefanie. — Não sei sequer o que traz a tua tempestuosa visita, mas por certo algo de bom não é. Adentras como um furacão raivoso, devastando tudo! Seja o que for, prevejo que se trata de algo sigiloso, e com a tua agitação despertarás a desconfiança até do mais tolo dos homens.

— Sim, Stefanie. É algo muito sério e preocupante. E o que é pior, uma mensagem indecifrável. Preciso dos teus préstimos, Stefanie. Podes arriscar ser um intermediário entre mim e o mestre?

— Sim. Mas antes peço que me ponhas ao corrente da causa, Antoain. Como posso processar tão importante missão se não sei o que me leva a fazer audaciosa viagem.

— Trata-se de uma conspiração, por certo, Stefanie. Françoais entregou-me esta prova de forma evasiva. Sei que muito lhe custou a oferta dessa tentativa de informação. E proveniente de onde veio, algo de muito sério trazia a denúncia. Stefanie, preciso que entregues nas mãos do mestre a mensagem traçada. Só ele pode ajudar-me a compreender os fatos e orientar-me a conduta. Além de que é o único que merece a minha confiança.

E responde indignada Stefanie:

— E será que há alguma posição de destaque no teu coração que aloje uma corajosa e dedicada amada?

— Ora, Stefanie, sabes o teu real valor na minha vida. Vamos, não há tempo para trocadilhos, apressa-te que o meu cocheiro irá levar-te até o mosteiro.

— Mas assim? Preciso me preparar, a viagem é um tanto longa, e...

— Não argumentes mais, minha pequena aventureira! Estamos a lutar com as horas. Coragem, que sei que te provém muito dela, Stefanie. Não te colocaria nesta arriscada luta se não confiasse na tua astúcia e poder.

E sem muita alternativa, Stefanie aceitou o desafio, acomodando-se na carruagem que já a esperava de pronto para servi-la.

Dispensando longas despedidas, apenas os olhares pronunciavam-se, e o abraço apertado já denunciava as saudades e as preocupações.

— Segue, minha amada. Levas contigo o meu coração e a minha esperança de que, seja lá o que for o que nos aguarda, possas trazer no teu retorno a resposta para a trégua e para a paz.

Stefanie, apesar de sempre muito segura e decidida, não conseguiu esconder as lágrimas que escorriam pelo seu rosto rosado, as quais procurou engolir rapidamente com um suspiro, enchendo o seu peito de coragem e de determinação.

Recusava-se a olhar para trás, quando a carruagem começou a tomar rumo, deixando uma apreensiva expectativa, cujo alívio só dependia da resposta dessa viagem.

E o cocheiro não media esforços. Já com horas de cavalgada, ainda corria muito, causando desconforto à sua passageira.

E irada pronunciou-se:

— Quem acreditas que carregas, cocheiro? Acalma os teus impulsos! Não podes correr assim! Isso muito me incomoda! Ordeno que pares! Agora. Não me ouves? Como ousas não acatar as minhas ordens?

E, como que ignorando tais palavras, continuou disparado, exigindo mais e mais da sua tropa de cavalos.

E, exaltada, Stefanie ordenou mais uma vez:

— Não te permito mais a conduta! Pára já. Vou denunciar-te e serás punido pela desobediência!

E para sua surpresa maior, o cocheiro, além de não atender as suas coordenadas, respondeu-lhe alterado:
— Cale-se, mademoiselle! Estamos a correr sérios riscos e a despertar a astúcia do inimigo. Seremos seguidos pela tua voz, se não te calares!
— O que me dizes? Acaso mandas-me calar a voz? Vamos, responde-me!
Recusava-se a crer no que ouvia. Intrigada e ofendida, tentou obter respostas, porém com pouco sucesso resolveu entregar-se ao silêncio, pois o seu cansaço venceu, fazendo com que se dispusesse ao inevitável sono.
Os seus sonhos eram atropelados pelo balanço da carruagem, que ora a fazia gemer, ora a punha em pranto.
Insegura e com medo, já não se escondia mais na sua armadura de coragem. E toda a sua audácia transformara-se num terrível pesadelo.
Longe do seu grande amor, Antoain, tornara-se frágil e desprotegida.
E a noite caía, diminuindo também a velocidade e a pressa daquele que apenas almejava chegar.
Stefanie já avistava entre o arvoredo a morada que deveria acolhê-la da desgastante viagem.
O mosteiro já despontava a sua imponente arquitetura.
E pela quebra da rotina, os cavalos rompiam com a calmaria daquele lugar, causando assim o despertar curioso de toda a população monástica.
Stefanie aproximava-se. Ansiava ver a minha presença. Precisava ter a certeza de que eu estaria lá à sua espera.
No entanto, o seu receptor oficial foi Monsenhor Wagner, que com o seu ar sisudo assustava ainda mais a pobre Stefanie.
Sem emitir uma palavra sequer de boas-vindas, o monsenhor apenas se propôs a estender as mãos para que ela deixasse o seu transporte.

Antes de entrar em busca daquele que havia sido recomendado, mesmo sem o entendimento dos fatos, tirou um anel do seu dedo e ofereceu-o ao cocheiro, como recompensa.

E acrescentou:

— Guarda este anel contigo como prova da minha gratidão. Ofereço-te o que tenho de mais precioso valor. É da minha maior estima. Protegeste com coragem a minha vida. Fizeste-te merecedor da honra.

E deixando de lado as desavenças, o cocheiro reverenciou Stefanie, como prova de respeito e até admiração, por aquela que bravamente ousou desafiar a arrogância.

Nada ali parecia claro sem palavras, nem sequer Stefanie conseguia justificar a sua visita aos que vinham ao encontro dela, aumentando cada vez mais a curiosidade daqueles pacatos cavalheiros, tirando-os do seu passivo recolhimento, quando, para seu alívio, cheguei de uma costumeira caminhada, salvando-a de maiores constrangimentos.

E questionei intrigado:

— A que devo a honra desta agradável visita, Stefanie?

— Não é a mim que deves pedir uma resposta e sim a Antoain, que me fez transportar até aqui.

E, sempre astuta, Stefanie procurou dissimular a conversa, desviando até a atenção do principal curioso, Monsenhor Wagner, argumentando:

— Vim em busca de conselhos, mestre. Sinto Antoain tão inseguro nas suas decisões. A pouco tempo de assumir um trono, nem sequer consegue decifrar no meu olhar a resposta para o seu primordial objetivo, que por certo é o de assumir a sua rainha, obviamente a minha delicada companhia.

E prossegue com a sua pretensiosa conversa, distraindo assim a atenção de todos aqueles que a sua arrogância abominavam, atingindo dessa forma a sua meta, o sigilo solicitado por Antoain.

Novamente, o silêncio pareceu falar.

Procurei tocar as mãos trêmulas que transmitiam a angústia de Stefanie, na intenção de mantê-la calma e centrada, para que pudesse continuar a representar até que eu conseguisse compreender o real motivo de sua intrigante visita.

Quando finalmente pudemos ter privacidade, procurei conduzi-la aos aposentos reservados aos visitantes, para que ela pudesse repousar e transmitir-me o recado enviado por Antoain, o qual muito já me preocupava.

E os meus anseios aumentaram ainda mais quando, sem muita dificuldade, decifrei a incógnita mensagem.

E alertei:

— Vê, Stefanie. É claro e notório. Trata-se da queda de um rei. Ou seja, um rei de costas — concluo.

— O que dizes, mestre?

— Infelizmente, é um fato a intenção da rebelião.

E acrescento:

— As linhas em diagonal representam um manto, o manto do rei. E a coroa sobre o manto, a cabeça do monarca. Um rei de costas. Ou pelas costas.

Atônita, Stefanie parecia que ia desfalecer, perder os sentidos, diante da verdade revelada.

Sem mais palavras, recorria a Deus por forças para enfrentar mais esse desafio.

Estendi as mãos para o céu e orei:

— Senhor, suplico-vos humildemente. Mostrai-me o caminho da sabedoria. Iluminai os meus pensamentos para que eu possa conduzir a paz. Fui eleito um dos vossos seguidores; a mim atribuístes uma missão, para isso me mantivestes vivo.

E na esperança da milagrosa aparição, almejei uma resposta dos três anjos que um dia me visitaram com a previsão dos acontecimentos.

E antes de me desesperar, os meus olhos foram vendados por um forte foco de luz, que envolvia gradualmente todo o meu corpo.

E a partir daquele instante, entreguei-me ao chão e ao choro.

Chorei feito homem.

Acolhido, senti-me uma criança, quando pela graça da proteção divina mais uma vez fui salvo.

Senti o mesmo medo que aquela caverna um dia me despertou e desafiou-me a fé.

Só que desta vez com uma certeza.

Não estava só.

Já éramos três, e a missão apenas começava.

Capítulo X

O Preço de uma Verdade

A noite parecia interminável naquele mosteiro. As acomodações oferecidas a Stefanie não eram as que ela estava habituada a usufruir.
Calada, parecia muito pensativa.
A sua expressão não negava o ar de excessiva preocupação.
Tentei oferecer-lhe a minha companhia para acalentá-la, mas nada a fazia desprender-se da lembrança daquele que era um momento marcante em sua vida.
De repente, parecia faltar-lhe o ar, o chão. Ela argumentava:
— Mestre, foi tudo tão rápido... Ele chegou e anunciou que a guerra estava para começar.
— Guerra, minha filha! Mas quem falou em guerra? Estás muito assustada.
— Não se trata de susto, ou medo, e sim da realidade, mestre. A corte sente-se ameaçada, e não vai desistir enquanto não colocar as mãos no último dos homens que ela acredita contrariar os seus pensamentos ou ordens.

— Hei de aceitar o teu argumento, Stefanie. E infelizmente os monarcas não estão sós nessa luta. Há de contar com a força do bispo e seus agregados.

— A perseguição será incessante. Meus Deus, tende piedade de nós!

— Isso, minha filha, peça com fé, vamos rezar.

— Não, mestre. Perdoa-me, mas o momento é de agir. Não podemos esperar as coisas acontecerem e ficarmos de braços cruzados. Antoain deve estar a sentir-se muito perdido, desamparado e dividido. Deve estar enlouquecido, o pobre! Gostaria tanto de poder estar ao seu lado. Amamo-nos tanto, mestre! A sua ausência fere-me a alma. Sinto tanto a sua falta...

— Eu acredito, Stefanie. E desse amor de que te fala o teu coração também fala o coração de Antoain. O amor é uma linguagem única. E apenas os que se entregam a esse sentimento conseguem soletrar cada letra, sem culpas, sem medos, e sempre muito livre.

— Livre, meu mestre?

— Sim. Liberta poderás ir, se preciso for, e até separados os corpos, por qualquer eventualidade da vida, poderão suportar o amor. Sabes por quê, Stefanie?

— Não.

Indaguei o seu olhar tristonho e cheio de dor da saudade.

— Pois dir-te-ei, no entanto. Suportará tudo o amor. A sua força devastará tudo para vencer a separação, pois o espírito, esse ninguém separa. O laço que vos une é o da força do amor maior. Da doação e do respeito. Não te apoquentes, Stefanie. Em breve poderás rever o teu amado e entregar-te aos seus braços, enlaçada pelo carinho e pelo afago de Antoain.

— Em breve, mestre? Transmite-me tal consolo! Amanhã, ao amanhecer, estarei de volta à corte, logo ao despertar. Providencia a carruagem, por favor, meu mestre. Irás comigo e...

De repente fui obrigado a interromper a sua eufórica decisão e trazê-la à realidade.

— Stefanie, sabes que não deves retornar agora. Estarás segura aqui. Podes caminhar pelo campo verde, e prometo-te que trarei notícias muito em breve para te tranqüilizar.

— Mestre, parece até um pesadelo. Preciso despertar.

— Não, Stefanie. Precisas repousar. Estás abatida, já é muito tarde. Todos se recolheram. Procura descansar.

E tentei acalmar a sua ansiedade, pondo-a para dormir.

E mal concluí um boa-noite, os seus olhos já cerraram, entregues ao cansaço.

Precisava deixar o mosteiro, e quanto antes seria melhor.

Stefanie tinha razão. Antoain devia estar totalmente desnorteado, precisava de mim.

Pressentia algo. Não sabia decifrar os meus anseios, mas por certo não eram boas as premonições.

A noite úmida destratava-me.

Os meus pulmões sufocavam-me.

Mas nada me impedia de preparar os cavalos e seguir.

Tinha pressa. Parecia correr contra o tempo. O frio da calada da noite passava despercebido, pois nada mais desviava a minha atenção, além do objetivo de chegar.

Deixei Stefanie, e na intenção de protegê-la não a preveni de que iria estar sem mim, mas deixei um bilhete onde justificava a minha ausência.

O dia parecia querer despontar o sol inibido e que pouco aquecia.

E antes mesmo de chegar, pude deparar-me com Antoain a me receber; parecia saber que iria atravessar a noite a viajar.

O seus olhos clamavam ajuda.

E apresentavam um certo alívio ao me ver.

E clamou:

— Bendita seja a tua presença, meu amado mestre! Foi Deus que te enviou.

O seu desespero era maior do que prevíamos.

Era lastimável o seu estado, isso porque não sabia ainda do real significado da mensagem recebida.

— Filho, estás bem? Fico feliz em rever-te. Agora acalme-se. Vamos falar.

— Onde está Stefanie, mestre? Deixaste-a só?

— Sim, Antoain. Não querias que eu viajasse com ela depois da sua exaustiva viagem. Precisava descansar. E, além disso, lá estará mais segura.

— Por que falas em segurança, mestre? Sabes de algo que desconheço?

— Não. Não sei de nada além do que já sabes, ou creio que sabes. Mais alguém tem conhecimento daquele documento, Antoain?

— Apenas o mestre e Stefanie, dentro da corte. Assim que o recebi, cuidei para que chegasse às tuas mãos.

— Vou explicar-te precisamente o que ele representa, e quais os cuidados que ele inspira.

— Então algo de grave traz essa mensagem na verdade?

— Bem, vamos saber. Juntos poderemos pensar melhor.

E quando procurei novamente o documento para esclarecermos finalmente a figura representativa daquela incógnita, percebi que não o havia trazido comigo, para meu desespero maior.

— Antoain, preciso falar contigo. Ao apressar-me para vir ao teu encontro, creio que o deixei cair, pois recordo-me de o ter colocado no meu bolso, logo aqui.

E ao levar as minhas mãos ao bolso da batina, percebi que ela estava rasgada e que por certo haveria de ter perdido o documento.

— Mestre, será que o deixaste cair ainda no mosteiro? Meu Deus!!! Imaginas a conseqüência desse descuido? E Stefanie lá, junto a eles, vão descobrir a participação dela junto a nós, não vão saber interpretar as circunstâncias; poderão até envolvê-la na situação! O que fazer, mestre? O que fazer?

E Antoain tinha motivos suficientes para se preocupar. O clero, aliado ao rei, preservava muito o poder, o qual faziam absoluta questão de manter.

Tais informações, mal interpretadas, poderiam causar um tempestuoso conflito, antes mesmo de nos dar a oportunidade de contornar a situação.

Enquanto isso, o pesadelo de Stefanie apenas começava...

Ao despertar, ainda atônita, percorria os corredores a procurar-me.

Na capela, todos faziam as suas preces, quando não se recolhiam para privarem-se delas, num momento de total clausura.

Foi quando Stefanie entrou nos aposentos de Monsenhor Wagner, acreditando serem os meus.

Insatisfeita pela falta de informações, vasculhava tudo, para tentar obter algum vestígio do meu paradeiro, porém mal sabia ela as conseqüências daquela visita infeliz.

Logo se deparou com o seu principal fantasma. Não precisou muito para despertar a fúria daquele homem, que todos temiam até o seu respirar.

Posicionado na porta, começou logo a gritar enfurecido:

— Como ousas invadir a minha privacidade dessa forma! Não respeitas sequer os meus pertences? O que buscas? Quem te mandou aqui? Vamos, responde-me, vamos!

Os seus maus-tratos, apesar de certa forma compreensivos, em princípio apavoraram Stefanie, mas como ela era muito astuta tratou logo de esquivar-se e justificou:

— Mil perdões, monsenhor. Pensei que se tratava dos aposentos do mestre...

E o monsenhor parecia não estar muito satisfeito com as explicações, e foi logo expulsando Stefanie, apenas com o olhar.

Negava-se a emitir uma palavra a mais sequer.

E Stefanie parecia compreender as suas ordens, saindo obediente e como sempre desafiadora.

A sua cabeça permanecia erguida, e o seu irônico sorriso representava a sua força. Assim se defendia, demonstrando não temê-lo.

E como se não bastasse foi ainda mais longe com a sua petulância.

Reverenciou o bispo e solicitou-lhe a bênção. Obrigado a ofertá-la, não negou abençoá-la, mas ambos sabiam que tudo era motivo de desavença, onde por razões de forçadas cortesias tinham que se aturar para manterem as posturas atribuídas cada qual ao seu devido papel.

Stefanie saiu do mosteiro e simulou uma pretensa caminhada.

Inventiva, como ela só, simulou um estratégico passeio, desviando a atenção de todos naquele lugar, até mesmo do seu principal perseguidor.

Não satisfeita com a indignação e o desespero de Monsenhor Wagner, e no meio de todos os intrigantes acontecimentos, resolveu vasculhar aquele quarto que acreditava ter os seus mistérios. Intuição feminina, talvez.

Tão ousada, procurou entrar pelos fundos para não despertar jamais a atenção daqueles que ali moravam, principalmente do mais interessado e temido: o próprio Monsenhor Wagner.

E a sua curiosidade e prestativa ajuda pareciam mesmo falar mais alto.

Escalou um grande muro, sem pensar nas conseqüências; tinha ânsia de buscar mais naqueles pertences que sabia omitirem algo.

Pôde perceber isso pela assustada expressão de monsenhor ao deparar-se com ela mexendo nos seus pertences, aguçando ainda mais a sua curiosidade.

E finalmente, quando atingiu a janela dos seus aposentos, deixou rasgar parte do seu vestido, facilitando o seu rastro bem marcado naquelas grades.

Sem tempo para vasculhar, fez mais o que lhe era permitido a ousadia. Levou tudo consigo.

Fez do lenço que envolvia a sua cabeça uma trouxa, onde levou tudo o que era manuscrito. Amarrou bem e assegurou-se de que não se havia esquecido de nada.

Correu enlouquecida mata adentro e espalhou tudo pelo chão, bem longe dali.

O mais longe que o seu fôlego pôde alcançar.

Não parecia pensar em conseqüências; o seu objetivo era investigar.

Mas, a bem da verdade, a sua busca apenas iniciava a mais poderosa conspiração.

Surpresa e sem ação, o seu coração parecia querer parar quando se deparou com algumas cartas que falavam de amor. De muito amor.

Tratava-se de sérias denúncias, de grave documentação.

As cartas pertenciam sim a Monsenhor Wagner, pois a ele se endereçavam, mas o mais preocupante e sério contexto foi que as cartas haviam sido escritas pela mãe de Antoain, a rainha Elisabeth Marie.

Tudo parecia tão confuso a Stefanie.

Enquanto buscava algum indício de traição política por parte de seu maior desafiador e assustador fantasma (como ela mesma o atribuía), deparara-se com uma verdade ainda mais dolorosa e desesperada.

Sabia que algum mistério envolvia a antipatia gratuita que, na verdade, Monsenhor Wagner demonstrou ter por Antoain e principalmente por Stefanie, e talvez agora as coisas começassem a se esclarecer, ou quase...

As cartas falavam de um amor impossível e muito terno.

Juras de amor eterno pareciam encerrar todas as cartas, ante a assinatura da rainha Elisabeth Marie.

E datada por anos sucessivos, subentendia-se que o romance perdurara por longos dias.

Até que a última data confirmava a rainha a carregar no seu ventre o filho que declarava ser o mais amado, supostamente Antoain.

Dentro da respectiva data deveria ser a última carta, e o início da sua gravidez.

Stefanie, diante da assustadora descoberta, parecia estar mais perdida do que nunca.

O que deveria ser apenas uma investigação, até mesmo um desafio, passou a ser uma estranha descoberta que lhe causava pânico e muito temor, pois já não sabia mais como reagir nem para onde ir.

Mal conseguia manter-se em pé.

Buscou água e procurou banhar-se, como se quisesse despertar de um sonho ruim, ou até aliviar o seu temor.

Todo o ruído da mata parecia-lhe ameaçador.

Perdera a noção da direção e mesmo que quisesse retornar ao mosteiro já não poderia mais.

Sem destino e muito assustada, Stefanie delirava e, como se num oásis, corria para os braços do seu amado, que se iludia ver.

E cansada de abraçar o vento, caiu desfalecida, perdendo os sentidos, ao deparar-se com algumas pedras do riacho que tentara atravessar.

E enquanto eu e Antoain nos preocupávamos com o documento perdido, os acontecimentos agravavam-se a cada instante, pois nem sequer tínhamos conhecimento da situação da pobre Stefanie.

Mas o pior ainda estava por vir.

Ninguém mais podia conter a ira de Monsenhor Wagner. Desafiado, e com medo de perder o poder conquistado perante a corte, não vacilou em agir e acusar.

Primeiro, já sabia que o seu segredo estava ameaçado por Stefanie, e antes que ela o entregasse tratou logo de se defender, transferindo a culpa.

No mesmo instante em que se deparava com a falta das suas cartas, chegou-lhe às mãos a mensagem comprometedora.

Uniu os fatos e não pensou muito para apresentar uma traidora à corte.

E antes que um novo dia amanhecesse, lá estávamos nós, vivendo os mais tumultuados momentos das nossas vidas.

O mais infeliz conflito e a mais árdua luta. A da injustiça dos homens.

Quando se aproximava a carruagem, Antoain dispôs-se a sorrir, abraçou-me iludido com a expectativa de que estaria aliviada parte da sua preocupação, pois acreditara que ela trazia a sua amada Stefanie.

Decepcionado, parecia que o mundo desabava na nossa cabeça, quando no lugar de Stefanie desceu do transporte Monsenhor Wagner, com um expressivo olhar de ira e muita preocupação, que a todos amedrontava.

E foi logo questionado pelo mais interessado, Antoain:

— Monsenhor. Reverência. Podes dizer-me onde se encontra Sefanie? Não seguiste viagem contigo?

E era tal o ódio de Monsenhor Wagner, que nem sequer se deu ao trabalho de responder.

Apenas movimentou a cabeça, negando, e foi logo ordenando:

— Convoca todo o conselho da corte. Tenho uma importante decisão a comunicar.

— Deves-me uma resposta, senhor. Com todo o respeito, indaguei-lhe com referência a Stefanie, mantida sob os teus cuidados.

— Meus cuidados? — respondeu ele ironicamente. — Uma mulher como ela não inspira cuidados, e sim precauções. Mas as devidas providências serão tomadas. Eu te afirmo. Coragem, meu jovem, pois precisarás de muita ao saber das denúncias.

E sem querer envolver-me ainda mais na situação, fui obrigado a intervir.

— Perdoa-me, monsenhor, mas a que denúncias te referes, por Deus?

— Falamos depois.

E retirou-se apressado, deixando-nos em dúvidas e lamento.

E o que mais preocupava era o silêncio arrebatador daquele poderoso homem impiedoso.

Podia ler no seu semblante um ar de vingança.

Acuado, só pensava em atacar.

E já tinha um alvo.

Por certo, o seu primeiro e principal seria Stefanie, que se apropriara do mais valioso dos seus segredos e poderio.

E o inevitável acontecera.

De punhos fechados, bateu com força na mesa e declarou guerra à sua evidente inimiga: Stefanie.

Aproveitando-se do infeliz equívoco, da mensagem desviada para as suas mãos, pronunciou o destacado acontecimento, responsabilizando, sem muito pensar, aquela que se tornara a sua inimiga maior.

— Prisão para a traiçoeira e conspiradora! — gritava ele, atordoando-nos ainda mais. E prosseguia:

— Conspirava a madeimoselle contra o seu rei, usando os seus trunfos femininos, o que é mais assustador ainda! Eis a prova de sua estratégia.

E apresentava a todos o documento comprometedor.

A cada palavra que pronunciava, a sua voz saía com mais intensidade.

Tirava do fundo do peito todo o seu rancor e medo.

Os dois sentimentos tornavam-no mais cruel e ao mesmo tempo mais forte, despertando medo e terror em todos que ali partilhavam o seu imposto discurso.

Em choque e pálido, Antoain recusava-se a falar.

Mesmo porque o mais sensato no momento era calar-se.

Qualquer movimento de defesa aumentaria o problema e envolveria ainda mais pessoas, agravando as circunstâncias que já eram desesperadoras.

O meu pensamento apenas se desviava para as orações, que apelavam à proteção da inocente Stefanie.

A minha serenidade naquele momento era uma passividade de trégua.

O meu peito quase asfixiava, a ponto de parecer parar a minha pulsação.

E eu voltava a suplicar em orações e pensamentos:

— Meu Deus, fazei-me forte, pois inocentes precisam da minha vida neste momento tão difícil. Levai-me quando achardes que é esse o vosso desejo. Mas antes, Senhor, permiti-me tentar mais uma vez. Suplico-vos. Anjos que me agraciaram com a ressurreição quando apenas a morte me visitava intervinde por mim, peço-vos.

E quase que num último suspiro, agonizante, entreguei-me ao chão.

Sem forças, despertei após longas horas, sem sentidos e sem movimentos.

Mas, infelizmente, já era tarde.

Haviam capturado Stefanie, enclausurando-a num terrível calabouço, onde aprisionavam o seu espírito à solidão e desprezo, já que à morte não podiam destiná-la, pois despertaria ainda mais a ira dos que desconheciam a sua acusação.

E, como se não bastasse, o meu leito também mudara de lugar.

Também estava aprisionado, pois pensavam que eu também conspirava aliado a ela, pelo nosso último encontro.

Apenas alguns privilégios, como a comida que encarecidos carcereiros buscavam servir-me.

Sem contar com o piedoso perdão que o rei me ia oferecer caso eu entregasse toda a verdade que eles acreditavam que eu soubesse.

A minha devoção estava a ser posta à prova, seguramente.

A fé era a minha única esperança para aquele pesadelo que não findava jamais.

A cada dia que passava, minguava pela fome e pela dor.

Não podia digerir nada, pois não tragava tanta injustiça.

Penalizado pelo equivocado sentimento daquele pobre homem, que tudo armava para tantos sofrimentos provocar com a sua impiedosa vaidade, pedia perdão por nós, e suplicava à Mãe em oração:

— Mãe abençoada, Virgem Imaculada, Maria. Maria que trazeis em vosso nome a bênção concedida de nosso Senhor. Rogai por nós, pobres pecadores. Ave Maria, eu vos proclamo, intercedei pelos vossos filhos, imploro-vos! Ave Maria... Ave Maria... madre generosa, rogai, rogai por nós... Amém.

E foi com esse pedido que me alimentei de fé.

E foi com essa fé que fui alimentado um dia pela mãe. Pelo instinto da mãe natureza.

E sobrevivi. E sobreviveria por certo, pensava. Pois o que será de mim como homem se não cumprir o que vim buscar. Se passar pela Terra sem nada sofrer ou penar.

O Vosso filho morreu por nós. Que faço eu que não vivo para resgatar o que a mim foi destinado. Serei forte.

E foi com esse pensamento que via as noites passarem, suportando a prisão da alma, confinada naquela inércia.

Sem esquecer um minuto sequer de invocar a oração, e a Maria suplicar, e... suplicar.

Capítulo XI

Lição de "Vidas"

— Meu mestre, tirar-te-ei daqui. Mantenha-te em silêncio, por favor.

Era com essas palavras e com muitas lágrimas que Antoain preparava-se para me resgatar daquela prisão.

Já se havia passado meses.

Os responsáveis pelas prisões, minha e de Stefanie, isolaram-nos de forma que ninguém pudesse nos localizar.

As imagens pareciam turbulentas, mal reconhecia Antoain, também diferente pelo disfarce que cobria o seu rosto, mas a sua voz ainda podia identificar.

E indignado questionava-me:

— Meu Deus, o que fizeram contigo, meu pai? Estás raquítico! Como puderam compactuar com tanta crueldade, logo contigo, meu mestre!

— Não digas nada, Antoain, vamos sair deste lugar, apressa-te, meu filho! Ajuda-me, por favor!

E quase sem fôlego, sem forças, arrastava-me apoiado nos seus braços.

Antoain não conseguia conter as suas lágrimas e tampouco escondia a sua ira.

Com a ajuda de alguns guardas, depois de suborná-los, fui retirado despercebido daquela fria prisão.

Antoain envolveu-me na sua capa, e após nos ocultarmos numa palhoça, seguimos viagem numa carroça.

Mantinha-me sem coragem de perguntar, mas o que mais me preocupava era com o estado de Stefanie pois juntos fomos confinados em lugares diferentes, o que ainda mais me angustiava.

E o pesadelo parecia ficar cada vez mais para trás.

O cenário daquele infeliz lugar perdia-se enquanto a carroça apressada tomava distância.

E mais uma vez o balançar de uma carroça lembrava-me que estava a lutar para viver.

Somente já não podia mais acreditar que o seu movimento era que sacudia o meu peito e o fazia doer, porque a maior dor vinha do coração, movido pela profunda tristeza. Nem o cheiro de jasmim me acalmava.

E as estrelas que tanto me encantavam, hoje pedia que se ofuscassem, para esconder a minha vergonha, uma terrível sensação de traição de algo que nem sequer havia cometido.

O rosto do jovem Antoain, envelhecido e expressivo de rancor, tampouco era o mesmo.

Transfigurado e marcado, não emitia uma palavra.

Os seus olhos teimavam serrar, mas atento e temeroso tudo observava, sem se descuidar um minuto sequer da vigília.

O cheiro da mata úmida dizia-me que estávamos muito distantes de qualquer civilização.

E quando a carroça parou, deparei-me com uma cabana. Algo como um chalé.

Parecia tudo muito bem arquitetado.

Tudo o que um homem necessitasse para a sua sobrevivência, aquela humilde morada tinha.
E não vacilei em perguntar:
— Antoain, preparaste isto para mim?
— Sim, mestre. Em bem da verdade, para ti e Stefanie.
— Então sabes do paradeiro de Stefanie? Onde se encontra a pobre menina?
E, cabisbaixo, não respondia, nem sequer com um aceno.
— Stefanie vive, Antoain?
— Não digas isso, mestre! Se sei que a minha Stefanie já não vive, tiro a minha vida com as minhas próprias mãos!
— Meu filho, não cometas tal injúria! Não sabes o que dizes!
— Stefanie está desaparecida, assim como o mestre. Não faço outra coisa, meu mestre, desde que todo esse pesadelo começou, além de acordar e dormir, senão procurar os vossos rastros. Não imaginas como estão sendo os meus dias de sofrimento!
— Sim, meu filho, posso crer.
— Sabes, meu pai, muitas vezes não vi a luz do dia, pois as noites emendavam-se naquela caverna. Ameaçado e covarde ali me mantive, esperando que alguém fizesse algo por mim, um milagre talvez.
— E parece que Deus ouviu as tuas preces. Aqui está a salvar-me daquele martírio. Orgulho-me de ti, Antoain, não és um covarde, jamais o serás!
— Bem, mas apenas me confortarei diante da presença de Stefanie. Preciso resgatá-la e trazê-la a ti, mestre.
— Hás de conseguir, meu filho. Nada vence o amor. Os vossos caminhos já foram traçados e numa forte cumplicidade.
— Vamos, entra em teu novo lar. Espero que te acostumes com ele, pois foi construído para maior segurança de ambos, muito distante de tudo e de todos. Ninguém vos poderá achar aqui.
— Isso significa que...

E Antoain não me deixou concluir a frase, quando acrescentou:

— Sim, mestre, terei que me afastar de Stefanie se quiser que o meu grande amor sobreviva sem que seja julgada e ainda mais lesada.

E em pranto gritava a sua revolta:

— Como pode o homem ser tão medíocre e cruel na sua existência? Eis-me aqui, entre a cruz e a espada. Entre o amor de uma mulher, que tudo representa, e a dedicação de um povo e a responsabilidade de seus ideais, e... E o que mais afinal? Mestre, tanto me ensinaste com referência à doação, falaste até em missão, em fraternidade, em liberdade, e o que me resta? A eterna prisão em nome de um ideal! Como pudeste falhar nos teus ensinamentos tão contraditórios! Como pudeste fazer isso comigo, meu mestre?

Nunca havia presenciado tanta mágoa e contrariedade, tampouco vinda de Antoain, mas podia compreender o seu expressivo desabafo.

E tentei fazer-me compreender, justificando:

— São poucas as palavras que me restam, Antoain. Se não hoje, um dia poderás ter o entendimento e assim me perdoar, se acreditas que falhei.

— Perdoa-me, mestre! Não me contenho diante de tanta injustiça. Por favor, perdoa-me as palavras.

— Presta muita atenção, meu filho, ao que vou te narrar. Um dia, há muito, muito tempo, numa vida anterior, nasci Francisco. Era um nobre assim como tu, e pela minha sina vim aprender a viver aqui na França. Bons estudos aqui me trouxeram. Apesar da família de comerciantes que tinha, os meus pais acharam por bem que o seu filho deixasse a Itália, para progredir e enriquecer os seus conhecimentos. E estavam certos. Este país deu-me a oportunidade de uma tarde presenciar dois cavalheiros que à nossa porta buscaram de comer. E sabes o que se passou? Digo. Em vez de apenas alimentá-los, dividindo o meu pão, segui junto a eles, peregrinando as profecias de Deus. Tornei-me Francisquinho. O amigo dos pobres e dos animais. Abandonei tudo, Antoain, em nome dessa fé, dessa missão e desse amor ao próximo, que te ensinei dando a palavra da fraternidade. Com a frase "amai-vos uns aos outros como eu vos amei", foi-nos ensinado a pregar a fidelidade de dividirmos esse mesmo pão, que se multiplicou um dia na mesa do Senhor. Mas tão poucos se alimentam desse sentimento. Tão poucos sequer compreendem que a salvação está na liberdade, meu filho! A liberdade do espírito, Antoain! O desprendimento de mágoas e ressentimentos, de valores que morrem, fenecem. E quando se desperta, eis que estamos vivos novamente, tentando mais uma vez resgatar o aprendizado que há tanto nos vem sendo ensinado. E o amor, perguntar-me-ás? E o amor de Stefanie? Esse... esse ninguém te tirará. O amor por certo reencontrar-te-á, nem que para isso tenham que voltar um dia, um dia meu filho, numa outra época, numa nova vida.

— Muito me confundes, mestre. Dizes que foste Francisco um dia? Ou seja, essa história que me narraste é de...

— Segue, meu filho! Segue! Vai em busca de Stefanie, ela precisa muito de ti. Terás tempo para refletir. Agora toma o teu rumo e traz-me a amada, que estará segura aqui, para nossa felicidade e conforto da alma.

E sem muito compreender, mas um pouco mais consolado, pediu a bênção e concluiu:

— Se foste quem narras, um dia também tu amaste, não meu mestre?

— Sim. Amei muito. Se não tivesse amado não poderia eu ter esse entendimento e tampouco orientar-te nesse amor. O amor... Mais que um belo sentimento, o mais nobre, é antes de tudo o resumo das nossas vidas, a nossa real lição. Amar e amar. Eis a missão.

E como uma eterna criança que se fazia Antoain, enxugou as lágrimas na sua roupa, deu-me um abraço apertado, e um último adeus separou-nos mais uma vez.

Aos poucos, apenas o eco do trotar permaneceu no ar, distanciando-se cada vez mais.

Levando consigo a esperança, a ambição da liberdade e, acima de tudo, o grande, forte e poderoso Amor!

Ainda que eu falasse a linguagem dos anjos, por certo nada seria, nada seria...

Capítulo XII

Ave Maria

Já instalado no meu novo lar, não me restava muito a fazer.
Meditar era a minha prática mais constante.
A eterna busca do equilíbrio e das respostas.
O silêncio que me envolvia naquele lugar servia-me de consolo e, às vezes, trazia-me o conformismo por meio das palavras de Deus, expressas em cada gesto da natureza.
O reflexo do ciclo da vida, do nascer ao pôr-do-sol.
Mas por mais privilegiados que pudessem ser aqueles momentos de glória e serenidade, o meu ser não tinha quietude para usufruir daqueles dias de expectativa que se fizeram pela ausência de notícias de Stefanie.
E foi numa noite de muito frio que a minha ansiedade me fez caminhar.
Percorri uma longa jornada pelos arredores.
Nada me fazia parar.
Parecia querer chegar a algum lugar.

Quando de súbito me pus a gritar.

A minha voz apelava por uma dor que não sentia o meu corpo, mas sim a minha alma.

O meu corpo contorcia-se na mata, as minhas mãos estendidas clamavam por piedade, por compaixão e perdão.

E desfalecido pelo cansaço pude transportar-me diante dos acontecimentos pelo pensamento.

Pressentia a dor de Stefanie, que em algum lugar, exilada, passava pelo mais cruel momento da sua vida.

Podia ouvir o seu gemido em delírio febril.

Na tentativa de amenizar o horror vivido por Stefanie naquele momento, o meu espírito transportou-se para aquele lugar, na pretensão de apagar a profunda tristeza que o meu ser presenciava, mas que o meu corpo não podia agir.

Stefanie debatia-se, em prantos encolhia-se num canto, enquanto o seu corpo sangrava e as suas mãos tentavam alcançar de volta o que aqueles infelizes seres tomavam dos seus braços.

Um bebê a que ela acabara de dar vida.

E rastejava, rasgava a sua pele no chão, suplicando o direito que era seu, que era a maternidade, que somente havia descoberto após a sua captura, já enclausurada naquele calabouço.

Sem mais esperanças e com a porta ainda entreaberta, lançou as últimas palavras ao encarregado que levava o seu bebê, para que desse ouvidos e transmitisse a mensagem àquele que tomaria a sua filha para sempre.

E exclamava:

— Já que não te comoves com o pedido de uma mãe desesperada, ao menos leve as minhas palavras a Monsenhor Wagner, que tenho consciência ser o único responsável por esta atrocidade. Diga-lhe que batize a minha filha e que ela já possui um nome. Lembre a esse cavalheiro que a menina se chamará Elisabeth Marie. O seu nome... é Elisabeth Marie!! Tu me ouviste, soldado? O seu nome é Elisabeth Marie!!!

E revoltada com o ato, só parou de gritar o nome da sua filha quando não mais podia falar, pois o seu pranto afogava a sua voz.

Diante de tal perda, Stefanie já não podia mais reagir, talvez porque soubesse que já não tinha mais uma vida pela qual valesse a pena lutar.

A entrega da sua filha fê-la muito enferma, devido às condições em que aquela gestação, e até mesmo o parto, se dera.

Dias e noites de muita febre repetiam-se, fazendo-me delirar também, pois os sentidos pareciam sincronizados.

Parecia reviver os mesmos momentos em que um dia um milagre a vida me devolveu.

Mas por Stefanie nada podia fazer, além de pedir pela pobre mãe e ainda mais pela inocente criança que compactuava, de forma indireta, de todo esse mar de lama, de egoísmo e maldade.

Arbitrários, só a Deus cabia o destino da pequena Elisabeth, o que aumentava ainda mais o desespero de Stefanie.

Mas aos inocentes não podia falhar o pedido de uma mãe e de um velho ancião, quando rogado à Virgem Maria, em preces.

Foi assim que tive o primeiro sinal de esperança, vindo do céu por meio, da aparição dos três anjos, que mais uma vez me salvavam da angústia e do fenecer.

E junto a eles a imagem era a de um bebê envolto num manto, que representava a proteção que tanto imploramos em oração.

Apesar de muito rápida, era o suficiente para voltar a reforçar a minha fé de que a luz voltava mais uma vez para nos abençoar e salvar.

E assim foi concretizada, novamente, a profecia.

Antoain descobrira o lugar que aprisionava a sua amada Stefanie, e seguira a resgatá-la.

Mas mal podia imaginar que havia acabado de ser agraciado com o nascimento de uma filha; nem sequer conhecia a hipótese desta gestação.

O seu objetivo era capturar Stefanie e levá-la para junto de mim, onde a seu ver estaria mais segura, mesmo porque não havia outra alternativa além desse procedimento, que já era muito arriscado.

Deparou-se com Stefanie, muito fraca e enferma, que delirava e recusava-se a ser tocada por Antoain. Não estava no seu estado de sanidade devido ao delírio, que era provocado pela ardente febre que já tomava conta de todo seu corpo.

Debatia-se a pobre no seu cativeiro, e apenas se entregou aos braços de Antoain quando vencida pelo desmaio.

Sequer Stefanie pronunciava palavras que pudessem ser compreendidas, pois gemia e balbuciava mais que os seus gestos pudessem interpretar.

Apesar de estar fora do seu estado normal de consciência, o seu instinto maternal já se pronunciava; parecia recusar-se a sair daquele torturante pesadelo, sem antes levar a sua filha, mas infelizmente não pôde fazer-se entender.

Os apelos foram em vão.

Quando despertou já amanhecera o dia, e com ele um novo cenário se fazia, que por certo já não era aquele lugar frio e úmido, marcado pela dor e pela desumanidade.

Aos poucos, foi retomando a vida, enquanto Antoain procurava curar as feridas provocadas pela tortura da clausura, molhando o seu corpo e devolvendo-lhe o fôlego diante das águas límpidas de um lago.

Antoain tinha-a nos braços, embalava-a e acariciava-a, quando ao mesmo tempo orava em gratidão pela graça recebida.

Stefanie não se pronunciava, estava muito abatida ainda.

Apenas gemia de dor quando o seu corpo era tocado pelas águas, mas suspirava aliviada quando Antoain a envolvia com ervas, que aprendera a cultivar quando ameaçado pelas moléstias.

A natureza mais uma vez atuava e salvava os seus filhos que nela confiavam e clamavam por ajuda.

Ali permaneceram por mais duas noites, até que Stefanie se fortaleceu o suficiente para seguir viagem.

A alimentação foi sendo digerida lentamente, retornando assim as forças e a lucidez de Stefanie, sob a cautela e a grande dedicação e amor de Antoain.

Quando finalmente pôde emitir algumas palavras, fez partir o coração de Antoain com a frase:

— Ninguém mais há de nos separar!

Ao ouvir o depoimento da sua amada, com a voz ainda trêmula, abraçou Stefanie, tomou-a nos seus braços e colocou-a de volta na carruagem, a mesma que a transportaria até a cabana onde me encontraria e possivelmente passaria o resto dos seus dias, ainda que sem a presença de Antoain, como ele mesmo já havia determinado.

Durante todo o percurso, os seus braços enlaçavam o corpo frágil de Stefanie. Somente um grande amor poderia comportar tanto carinho.

E quando Antoain percebeu a aproximação da nova morada, preparou-se também para a mais triste despedida.

A da separação de Stefanie, para sempre.

Assim fora definido o destino de ambos, em prol da sobrevivência.

E sem muito se pronunciar, apenas carregou Stefanie até o improvisado aposento, para o seu momento de paz e repouso.

E na esperança de revê-lo, pronunciei-me:

— Que Deus te acompanhe, e que um dia possa colocar-nos juntos novamente, para que eu tenha a oportunidade de te revelar a missão a mim atribuída. Deus sabe o que faz, meu filho. Ele há de iluminar o teu caminho e mostrar-te a verdade que tanto preguei, e o segredo certamente far-se-á real, a partir do momento em que estiveres preparado para desvendá-lo.

— Não sei o que tais metáforas expressam, meu mestre, mas hei de guardar tais palavras como mais uma das tuas preciosas lições.

E quando Antoain preparava-se para entrar na carruagem, fomos surpreendidos pela presença de Stefanie, que nos observava em silêncio.

Ainda muito fraca, segurava-se para manter-se em pé.

Mas por certo o que lhe tirava ainda mais a disposição para reagir eram as palavras que Stefanie já interpretara como despedida.

Antes mesmo de ouvir o seu apelo, Antoain, na pretensão de amenizar os sofrimentos, tratou de partir o mais depressa que podia, para não ouvir os pedidos da sua amada.

E com o soar do trote dos cavalos apressados, sobre as folhas secas, ecoavam também os gritos de agonia, de uma separação que já se fazia sem muita esperança de volta.

— Meu Deus, dai forças a esses jovens que apenas pediam para amar e ser felizes! Dai a eles o alívio do conformismo, para que não sofram ainda mais, meu Deus!

Ajoelhado em oração pedia por eles, quando Stefanie aproximou-se de mim, e para a minha maior surpresa estendeu as suas mãos como se na verdade eu precisasse mais de ajuda que ela.

E com as mais ternas e fortes palavras, que só podiam vir de uma grande mulher, confortou-me:

— Acalma-te, meu pai. Já passou. Tudo acabou... Eu estou aqui e, como tu, devo a vida, a graça e a bênção a nós atribuída por Deus à Maria, nossa mãe.

E, abraçados, chorávamos, como há muito não o fazíamos.

Permitia-me a fraqueza daquelas lágrimas, que não sabia se esorriam pela dor ou se pela emoção da vida que se tornava novamente possível nas esperançosas palavras de Stefanie.

Comovia-me a força que resgatava aquele corpo frágil e a tudo transformava quando já não restavam mais motivos para continuar a lutar.

E dali brotava mais um dos milagres concedidos sem maiores explicações, que certamente também viria a compreender quando assim fosse permitido.

Lá fora, as folhas continuavam a cair.

Em algum lugar, Antoain também prosseguia com o seu destino.

E à sombra de uma verdade, o percurso de uma história ia sendo escrito; a cada página virada, uma nova esperança de que os caminhos nos levariam ao mesmo objetivo o de um dia chegarmos a alcançar a felicidade do reencontro.

E um dia voltarmos a ser três.

Três grandes amigos.

Três grandes guerreiros.

E, acima de tudo, três grandes aprendizes dessa lição que não pudemos juntos concluir na escola desta vida, mas que certamente nos esperava na próxima existência.

Capítulo XIII

O Início do Fim

Sérios protestos ameaçavam o poder da monarquia e conseqüentemente do clero.

Aproveitando o alarde que escandalizou a corte, homens ousados e idealistas começavam a se destacar pelas provocações e desafios lançados aos poderosos que impunham a lei.

Muitos foram descobertos e condenados, porém outros tantos seguiam a filosofia da liberdade e, por essa, lutavam até o fim das suas forças.

Verdadeiros batalhões formavam-se a cada dia.

Antoain, por sua vez, liderava os seus soldados, e bravo defendia o que herdara pela realeza.

Porém, quem ainda administrava o poder eram ministros escolhidos pela interferência do então poderoso bispo.

Durante as guerrilhas, Antoain via-se obrigado a desafiar e a lutar inclusive com aqueles com quem crescera e aprendera toda uma lição de fraternidade, ainda quando criança.

E era o início de uma grande revolução, que os ventos já sopravam como fato consumado.

Em cada canto daquele país já se podia ouvir pronunciar o desejo e a palavra igualdade.

Enquanto isso, isolados daquela realidade, tentava ensinar a Stefanie o que pretendia acrescentar a Antoain, o verdadeiro valor da alquimia interior.

A transformação.

A lapidação do ser. Passo a passo.

Sensível que era a nossa Stefanie, não demorou muito a absorver tal magia.

Um dia propus-lhe um desafio.

O de plantar algumas sementes, de uma das quais brotaria uma rosa de cor azul.

E assim o fez.

Todas as manhãs acompanhava o desenvolvimento, sempre muito atenta, de cada folha que despontava com vida sobre a terra.

Era bonito de ver a inocência que crescia junto ao interesse daquela que apenas almejava alcançar o conhecimento interior.

A sabedoria parecia querer romper também da terra fértil.

Apesar de se entreter com as experiências alquímicas, o seu olhar não se permitia desviar da estrada, a qual podia avistar da janela da nossa morada.

Talvez soubesse que Antoain jamais retornaria, pois muitas vezes a mim consolava-me a ausência, mas bem lá no fundo do seu coração sustentava a esperança da volta do seu grande amor.

Quando a tarde nos favorecia com uma brisa suave, procurávamos sair para caminhar, e de tudo falávamos.

Mas como de rotina, quando ameaçávamos chegar, o coração de Stefanie, apertado, reivindicava o choro, que sem vacilar amenizava o sufoco que lhe torturava as saudades.

Dizia-me Stefanie que trazia consigo a ilusão de que chegaríamos à nossa morada, e que Antoain, de braços abertos, viria para nos surpreender.

E diante da verdadeira realidade, frustrava-se a pobre menina, e sem perspectiva sofria ainda mais.

Mas havia um consolo para Stefanie.

A primavera estava a chegar.

Na primavera tudo o que estava adormecido tomava vida para recebê-la.

O sol, e até a chuva, vinham para abençoar a nova estação.

Os pássaros cantavam pela manhã e só paravam ao cair da noite.

E os pequenos e amistosos animais vinham à nossa porta celebrar e partilhar a nova fase de harmonia e cor que os dias nos proporcionavam.

Estávamos na primavera.

Stefanie mal podia esperar para ver a sua primeira alquimia vingar.

A sua rosa azul.

E ao desabrochar a primeira, viu a rosa cor-de-rosa embelezar e perfumar ainda mais aquele campo verde e vasto, mas, ainda que frustrada, não revelou a sua decepção, aguardava o nascimento das outras duas que havia plantado.

A segunda viera mais rosa que a primeira.

E não resistiu a questionar-me e até a cobrar-me:

— O mestre prometera-me uma rosa azul e até agora nem a primavera me presenteou a rara flor. Crês que não fui feliz na minha primeira lição? Onde falhei?

E respondi, tentando ampliar o aprendizado:

— Não falhaste, Stefanie. A lição não acabou.

— Já sei, vou dormir e ao romper da noite elas tornar-se-ão azuis, e ao amanhecer surpreender-me-ei com o fato. É isso, mestre?

Às vezes Stefanie parecia mais ingênua que Antoain, apesar de toda a sua astúcia.

E acrescentei:

— Não, minha filha. Não há magia. Nada se transforma sem que haja o teu esforço e a tua participação. Se queres algo, tens que o conquistar. Lapidar os seus desejos e reforçar a tua fé. Buscar os teus anseios e alicerçá-los numa base forte. E a partir de então ambicionar que a alquimia aconteça. E tudo o mais, com a paciência e a estratégia de um sábio.

— Não me esquecerei disso, mestre. Vou deixar o último botão de rosa desabrochar como prova dos meus conhecimentos, e por certo colherei a minha rosa azul.

— Se assim crês, assim será.

E abraçávamo-nos confraternizando felizes pela rápida absorção e sábia conclusão de Stefanie, quando de repente um forte abalo fez a terra tremer.

Parecia um pelotão, um verdadeiro exército de cavalos que trotava naquela região.

Os animais corriam assustados, buscavam abrigos, e agitados pressentiam o perigo, prevenindo-nos para os acontecimentos.

Sem muito pensar, com muita dificuldade para correr, pedi que Stefanie se apressasse para dentro da nossa morada.

Ergui umas ripas do chão que falseavam o piso da cabana, e escondemo-nos imediatamente sem sequer ousar respirar para não despertar a ira daqueles que, por certo, estavam ali para nos caçar.

O pânico e o desconforto ameaçavam o secreto esconderijo.

Mas o momento era de manter a calma.

Qualquer vacilação e estaríamos novamente sob a tortura daqueles desalmados.

A casa finalmente fora invadida.

Não satisfeitos com a nossa ausência, pois acreditavam já termos fugido, atearam fogo em tudo o que viram.

As chamas davam-lhes um prazer sádico.

Pareciam ter a necessidade de ver a brasa a devastar tudo, ardendo e queimando.

Enquanto isso, sufocávamos sob as chamas. Quando não conseguimos mais ficar, fomos obrigados a sair do subterrâneo para buscar ar.

Rastejando mata adentro, já não podia mais respirar.

Stefanie, ainda resistente, carregou-me até uma pequena caverna, perdendo as forças assim que chegamos lá.

Os meus momentos finais não os queria partilhar com Stefanie.

Não podia traumatizá-la ainda mais, permitindo que ela me visse agonizar nos seus braços, sem nada poder fazer.

E deixei que ela retomasse a consciência e as suas forças, e procurei seguir para mais longe dali, antes que ela despertasse; seguramente, se estivesse só, correria menos risco.

A minha alma entreguei a Deus.

O quão leve era aquela sensação de paz...

E durante a minha passagem ainda podia zelar por Stefanie, que já tinha o seu anjo da guarda destinado a ampará-la.

O seu anjo da guarda apresentara-se com roupas folgadas e muito coloridas.

Ao contrário de um belo príncipe, e longe de ser o seu amado Antoain, rejeitou a surpreendente ajuda, quase que agredindo o seu protetor.

Acordou no meio de uma confusa conversa de falas estranhas de um dialeto que, não compreendendo, ainda a assustava mais.

E foi logo perguntando, corajosamente exigindo explicações, principalmente da minha ausência.

— Quem sois? Onde estou? O que fizeram com o mestre?

— Somos amigos e estamos aqui para ajudar-te. Quem somos não importa muito agora. Seguirás conosco assim que te recuperares. Acalma-te, estarás segura entre nós.

— Sois um bando de ciganos!
Irada e com um certo preconceito, parecia rejeitar a idéia de estar entre o bando.
Foi abordada pelo chefe do grupo, que a tranqüilizou:
— Stefanie, assim te chamam, não?
— Como sabes o meu nome?
— Sei mais de ti do que possas pensar com a sua imponência.
— Então conheces o meu mestre, podes levar-me até ele, e...
— Não te iludas, minha filha, aquele velho alquimista a esta altura já fez a mais nobre magia que ambiciona o ser humano, e desapareceu das nossas vidas e deste mundo cruel sem deixar vestígios.
— Queres fazer-me crer que o meu mestre me abandonou? E seguiu sem se despedir? Ele jamais me deixaria entre estranhos.
E, arrogante, ainda teimava Stefanie em perguntar:
— Sabes onde se encontra o mestre, por que não me dizes? Imploro-te, senhor, leva-me até ele, pode estar a precisar de ajuda.
— Minha cara, nota-se que sabes pouco da vida e menos ainda da morte. Para onde foi o nosso amigo não nos permitiram ainda entrar. Esse privilégio é para poucos, assim como ele. Ambicionar alcançá-lo implica muito peregrinar.
— Senhor, queres dizer-me que o meu mestre, que ele...
— Morreu? — concluiu o cigano. — Não. Apenas mereceu o seu repouso eterno. Um ser humano como o velho alquimista jamais morrerá, onde o seu rastro passou deixou vida e memória.
Tentando buscar explicações, e até consolo, Stefanie pôs-se a caminhar, sabia que não estava longe da velha cabana.
O cheiro de queimado impregnava o ar, quando Stefanie já podia avistar o que restava da antiga morada.
Olhou para as cinzas, e nem todas as suas lágrimas cessariam aquele fogo que teimava alastrar e arder.

E o poder de transformação de Stefanie era tal que, quando lhe foi oferecido um manto dourado e brilhante para aquecê-la, já parecia ser um deles, como se tivesse nascido entre os ciganos. Ajeitou a sua veste, os seus longos cabelos, respirou fundo e limpou a sua face das lágrimas que ainda resistiam cair.
Quando abordada pelo cigano, foi consolada:
— Conheço a tua história. Admira-me a força que em ti guardas.
E sem vacilar ela respondeu:
— Eu tive um mestre.
— E eu tive um amigo — concluiu ele.
— De onde conheces o mestre?
— Dessas jornadas que o destino felizmente faz reencontrar.
E auto-afirmando-se nas suas lições, Stefanie fez-se mais uma vez presente em destaque, quando perguntou:
— Já colheste uma flor rara?
— Queres dizer se já plantei uma rosa azul?
E, sem mais palavras, o cigano já arrancava daquele semblante um forçado sorriso que a tudo concordava. Parecia ter usado o velho segredo, o sábio cigano, a senha mais segura e precisa para finalmente conquistar Stefanie.
E a primavera concluía o seu ciclo, sem nada cobrar.
O meu espírito por sua vez repousava em brandas nuvens, leve... leve...
Do alto tudo podia observar.
E esperar.
Para a próxima lição aprender e, de alguma forma, ainda esperava poder ensinar.
A liberdade, essa, certamente eles já desvendaram o seu valor.
A fraternidade fê-los irmãos, num único e grande ato de amor e doação.
E quanto à igualdade, apenas acreditarão quando juntos plantarem a semente e unidos colherem a rara flor.

Que desabrochará, mesmo entre as cinzas, a eterna e bela rosa de cor azul.

Capítulo XIV

O Fim

A frase "Descanso em paz eterna" faz muito sentido para quem está do outro lado da vida.

Descrever a beleza e a felicidade de se permanecer num lugar como esse seria pretensão, pois não encontraria palavras.

Tudo muito bonito se não tivesse deixado em vida filhos que se fizeram meus, irmãos unidos por um grande laço de amor.

Antoain e Stefanie ainda eram uma lição de um aprendizado que até então apenas parte dessa compreensão havia desvendado.

Acompanhá-los era a minha missão.

Interrompidos por um caminho que se desviara das nossas vidas, ainda restava muito a fazer.

Na vida terrena, acreditei tudo saber.

Longos dias de meditação, jornadas percorridas, buscas e buscas em nome do saber, e concluo quão tolo é o homem na sua existência.

Temos tanto a descobrir, tanto para crescer.

E lapidar, e moldar, e curvarmo-nos diante da nossa própria carcaça até alcançar o chão.
E colar o rosto bem perto do solo.
E reverenciar.
E contemplar.
E agradecer.
Sem o direito de pedir perdão, sequer.
E amar.
E amar.
E só amar.
E quando ousados acreditarmos que já fizemos muito, recomeçar...
E voltar.
E a lição retomar.
E um dia, sem data, quem sabe, finalizar a missão de estarmos vivos.
Enquanto isso não acontece, vou seguir a busca para o crescimento.
Estar presente em espírito, e acompanhar a passagem, e como eternas crianças conduzi-los novamente, como já previsto, para o reencontro na nova vida que certamente os espera.
Os dias passavam depressa para meu alívio, pois adiar essa passagem a cada momento parecia ser mais doloroso para ambos.
Uma dor que eu infelizmente não podia sofrer por eles, mais uma das lições aprendidas aqui.
Quanto maior o fardo, menor o posterior resgate.
Que assim seja...
Como eterno protetor, por eles rogava.
E sempre de muito perto acompanhava cada passo dos meus amados filhos.
Stefanie, com o seu grande poder de transformação, não só se adaptou ao meio dos ciganos, como já dançava como nenhuma daquelas belas mulheres.

Sempre imponente, destacava-se pela sua fibra e valor. No entanto, o seu amor e a sua eterna busca ela preservava com toda a fé.

Nunca sequer admitiu a substituição do seu companheiro. Pretendentes de todas as regiões encantavam-se e tudo lhe ofereciam no meio das suas viagens, mas o seu único objetivo limitava-se a um dia reencontrar Antoain.

Nunca deixou morrer essa esperança e dela se alimentava.

Os homens do grupo que ela seguia não só a respeitavam como tal, como também a protegiam.

Os laços que envolviam aquele grupo de peregrinos eram muito fortes.

União e fidelidade era a palavra que fazia lei entre eles.

Nada pediam. Apenas a oportunidade de livres buscarem as suas respostas, assim como qualquer homem que na terra resgata os seus devidos aprendizados.

Mas não era ao acaso que Stefanie junto a eles formou finalmente a sua família, e deles obteve amor e proteção.

Não. Nada é ao acaso.

Resgatavam ali uma herança de antigos laços.

De outras vidas, de outro passado.

Antoain, por sua vez, também cumpria a sua jornada.

O seu povo, apesar de muito dividido, começava a dar-lhe algum crédito e apoio.

A revolução da França apontava tão certa como o sol de todas as manhãs, só que um pouco mais acuada.

Inibida, permitia que o nosso monarca se preparasse finalmente para assumir o seu trono.

Velhos, e a maioria muito doentes, os seus superiores, tutores e ministros, já não tinham mais forças, tampouco crédito para reinar.

Necessitavam de sangue novo, de novos ideais, de novas perspectivas, que na verdade era também a ambição do nosso querido futuro rei, Antoain.

O meu desejo era o ficar sempre presente.
Queria cercá-los de proteção e orientações, mas nem sempre me era permitida a aproximação.
Muitas das lições tinham que ser aprendidas sem que eu pudesse interferir, na verdade.
E a lei do retorno era um fato para alguns.
E o quão triste foi a sina do pobre Monsenhor Wagner.
A sua cega justiça não lhe permitiu ver e usufruir o carinho e o amor de um filho, que era a sua maior herança, sua verdade, sua continuidade.
A sua oportunidade de se redimir ainda veio por intermédio de Elisabeth Marie, mas, em vez disso, sangue e lágrimas fez derramar em nome do seu pudor e vaidade.
Pobre ser.
Diante da descoberta que a real paternidade de Antoain era sua e não do rei, passou a ter devaneios, até se tornar insano.
Corria todo o povoado, pregando os seus ensinamentos e tentando arrebanhar apóstolos para junto de si.
Ignorado totalmente, a indiferença ferrava com fogo a sua alma, desnorteando-lhe ainda mais.
E como para tudo existe um fim, o penar desse ser foi acabar os seus dias em total clausura, que aos berros lembrava aos que dele se acercavam (poucos e por obrigação) quão ofensiva e cruel era a solidão daquele que nem sequer tinha a coragem de morrer, tendo que esperar dia após dia o alívio daquele pesado fardo.
Sabendo-se que passou quase toda a sua existência terrena assediado e venerado por muitos, hoje implorava para ser ouvido.
Stefanie, por sua vez, um dia resolveu deixar de lutar e procurar, entregando-se a uma enfermidade.
Foi acometida de malária, que tomou conta do seu corpo, fazendo com que desencarnasse ainda sem dor.
Inconsciente, parecia estar num sono profundo.

Todo um filme do passado retomava na passagem, enquanto que o seu corpo, vestido de branco, era entregue ao leito de um rio, a seu pedido.

Adormecido permaneceu o seu espírito, que por bem fora-lhe concedido para maior resignação e compreensão dos fatos.

Antoain, no mesmo dia da morte de Stefanie, preparava-se para finalmente assumir o seu trono.

A caminho da cerimônia, uma paisagem bela e muito florida trazia à lembrança de Antoain os bons e inesquecíveis momentos vividos com a sua amada, sem sequer imaginar o acontecido.

O seu destino a Deus cabia.

Como um espectador, observava o seu olhar distante e nostálgico, quando notei que ele fora abordado por dois senhores na estrada que o levava para a consagrada cerimônia.

Trajados como pedintes, estendiam as mãos e pediam em nome de Deus uma ajuda para poderem seguir viagem.

Antoain, em vez de se apresentar indiferente ao pedido, ordenou ao serviçal que se dispusesse a atendê-los de pronto, colocando algumas moedas sobre as mãos dos peregrinos, quando de repente lhe veio o desejo de manifestar uma reivindicação:

— Oferto-vos ouro para o pão e ainda divido convosco, o meu vinho, se me provarem que usarão de boa-fé a doação.

— Faremos melhor — retrucou um deles.

— Pregarvo-emos o ensinamento.

— E o que credes acrescentar à minha sabedoria?

— Tudo aquilo que vós permitirdes aprender.

— Afirmas, contudo, que só depende de mim o conhecimento?

E sem mais nenhuma resposta, os dois homens prepararam-se para a sua jornada prosseguir, mas logo perceberam que seriam alcançados pelos apressados passos de Antoain.

E passaram a ser três...

Antoain, sem vacilar, despiu-se da sua vaidade, do seu conforto e até da sua responsabilidade, e saiu em busca das suas respostas.
Das suas descobertas.
Da sua lapidação interior.
Esculpiu a sua pedra bruta, lento, mas muito atento, para que passo a passo pudesse ver a sua obra maior brilhar.
Com todas as honras de um grande rei.
De um nobre homem que não poderia passar despercebido pela vida.
Nascera para reinar e junto do seu povo ficar.
E assim o fez...
Passou o resto dos seus dias ora ensinando, ora aprendendo.
O seu rumo?
A Liberdade.
A sua escola?
A Fraternidade.
A sua lição?
A Igualdade.
Todavia, o escultor não pôde concluir a sua arte.
Era chegada a hora de regressar.
Eu estava lá para recebê-lo quando fui tomado por uma emoção muito forte.
Era chegado o momento do reencontro.
A paz e a alegria saudavam o meu aprendiz e tomava conta do meu ser.
Enquanto os anjos no céu clamavam em coro:
AMÉM[1]!!!

---

1. O sentido da palavra amém e, na verdade, duplo: amém (assim seja) e amem (verbo amar)

MADRAS® Editora
CADASTRO/MALA DIRETA

Envie este cadastro preenchido e passará receber informações dos nossos lançamentos, nas áreas que determinar.

Nome _____
Endereço Residencial _____
Bairro _____ Cidade _____
Estado _____ CEP _____ Fone _____
E-mail _____
Sexo ☐ Fem. ☐ Masc. Nascimento _____
Profissão _____ Escolaridade (Nível/curso) _____

Você compra livros:
☐ livrarias ☐ feiras ☐ telefone ☐ reembolso postal
☐ outros: _____

Quais os tipos de literatura que você LÊ:
☐ jurídicos ☐ pedagogia ☐ romances ☐ espíritas
☐ esotéricos ☐ psicologia ☐ saúde ☐ religiosos
☐ outros: _____

Qual sua opinião a respeito desta obra? _____

Indique amigos que gostariam de receber a MALA DIRETA:
Nome _____
Endereço Residencial _____
Bairro _____ CEP _____ Cidade _____

Nome do LIVRO adquirido: __ Voar é Preciso __

MADRAS Editora Ltda.
Rua Paulo Gonçalves, 88 - Santana - 02403-020 - São Paulo - SP
Caixa Postal 12299 - 02098-970 - S.P.
Tel.: (0_ _11) 6959.1127 - Fax: (0_ _11) 6959.3090
www.madras.com.br

Para receber catálogos, lista de preços
e outras informações escreva para:

MADRAS®

Rua Paulo Gonçalves, 88 — Santana
02403-020 — São Paulo — SP
Tel.: (0_ _11) 6959.1127 — Fax: (0_ _11) 6959.3090
www.madras.com.br